Wolfgang Krüger

Humor

für
Anfänger und Fortgeschrittene

Umschlaggestaltung und Lektorat: Bärbel Rothhaar
Herstellung und Verlag:
BoD – Books on Demand, Norderstedt
ISBN: 978-3-7460-3608-3

Mit herzlichem Dank
für die Briefe von

Dagmar Berghoff
Alfred Biolek
Christine Brückner
Ralph Giordano
Gregor Gysi
Dieter Hildebrandt
Freya Klier
Heinz Knobloch
Hanna-Renate Laurien
Astrid Lindgren
Willy Millowitsch
Adolf Muschg
Elisabeth Noelle-Neumann
Horst-Eberhard Richter
Anneliese Rothenberger
Max Schmeling
Gerhard Schröder
Wolfram Siebeck
Rita Süssmuth
Klaus Staeck
Karlheinz Stockhausen
George Tabori
Jens Weißflog
und dem Bundeskanzleramt

Irren ist menschlich, stolpern ist üblich,
über sich selbst lachen ist Reife.
W. A. Ward

Inhalt

Wir können den Wind nicht ändern,
aber wir können die Segel richtig setzen.
Aristoteles

Zur Entstehungsgeschichte

Der Humor ist der Schlüssel zum Lebensglück. Das ist die zentrale Erkenntnis meiner Studien, die vor 25 Jahren begannen. Damals war ich 45 Jahre alt, das Leben hatte mich schon einige Male durchgerüttelt und ich spürte gelegentlich den Wunsch, in der zweiten Lebenshälfte gelassener mit der kränkenden und versagenden Welt umzugehen. Daher wählte ich für die kommenden Jahre den Humor zum Schwerpunktthema meiner therapeutisch-wissenschaftlichen Arbeit. Ergänzen wollte ich meine Studien durch eine Umfrage, die ich an über 100 Prominente verschickte. Ausgehend von ihrer gesellschaftlichen Vorbildfunktion stellte ich ihnen die Frage:

„Wie haben Sie es in Ihrem wechselhaften Leben geschafft, Ihren Humor zu behalten?"

Ich war erstaunt und beglückt über die vielen sehr ausführlichen und persönlichen Antworten. Doch leider war ich selbst dem Thema noch nicht gewachsen. Zu sehr spürte ich im Alltag, dass mein eigener Humor begrenzt war. Ich wollte nichts schreiben, was nicht meiner eigenen Entwicklung entsprach und so erschien nur eine sehr kleine Auflage, die ich als ‚Versuch' empfand. Ansonsten legte ich das gesamte Material in die Schublade, um es mehr als zwanzig Jahre später meiner Frau zu zeigen. Sie ermutigte mich sehr, endlich das Buch zu vollenden und die wunderbaren Briefe einem größeren Lesepublikum vorzustellen. Nochmals schrieb ich Prominente an, doch inzwischen leben wir im Zeitalter der Datenflut. Ich erhielt einige wenige nachdenkliche Briefe, aber ansonsten bekam ich kaum Resonanz und begriff, wie wertvoll jene Briefe waren, die mich vor mehr als zwei Jahrzehnten erreicht hatten. Es waren ungewöhnlich persönliche Antworten, oft auf mehreren Seiten, häufig handgeschrieben. Es ist deutlich zu spüren, wie sehr sich die Schreibenden mit dem Humor beschäftigten, um mir dann ihre Gefühle, Gedanken und biographischen Anekdoten mitzuteilen. Astrid Lindgren schrieb mir auf einer alten Schreibmaschine, Gerhard Schröder überraschte mich mit Betrachtungen über den Umgang mit seinem Hund, Ralph Giordano berührte mich mit seinen Schilderungen, wie er zusammen mit seinen Brüdern im Nationalsozialismus die ständige Angst weglachte. Solche Briefe waren nur möglich in einer Zeit, in der man noch nicht von Anfragen überflutet wurde und sich beschaulicher der Beantwortung einer Frage widmen konnte. Dadurch enthalten die Briefe eine intensive Achtsamkeit und ein Nachdenken über sich selbst, welche die eigentlichen Quellen des Humors sind. Um ihn zu verstehen, müssen wir unser Leben enträtseln und sowohl unsere Fähigkeiten, als auch unsere Konflikte begreifen. Mit der Altersweisheit von inzwischen 70 Jahren ist mir das soweit gelungen, dass ich nun meine jahrzehntelangen Studien zum Humor vollenden konnte. Ich danke allen Prominenten und vor allem auch meiner Frau Bärbel Rothhaar für ihre große Unterstützung.

Wolfgang Krüger

WOLFRAM SIEBECK

Humor? Was fürn Humor? Ich bin erkältet, deshalb klingt meine Stimme so komisch.

Nähere Informationen zu den Prominenten finden Sie auf den Seiten 178 ff.

Der Humor nimmt die Welt hin, wie sie ist,
sucht sie nicht zu verbessern und zu belehren,
sondern mit Weisheit zu ertragen.
Charles Dickens

Humor ist lebenswichtig

Mein Lieblingsfilm ‚Alexis Sorbas' ist von Tragik und Dramatik geprägt. Ein Bergwerk stürzt teilweise ein und Liebestragödien führen zu einem Lynchmord und einem Suizid. Und dann stürzt auch noch die fertige Seilbahn zusammen, die Alexis Sorbas bauen ließ, um Baumstämme zu transportieren. Doch Sorbas bricht nicht zusammen, sondern freut sich: „He Boss, hast Du jemals etwas erlebt, das so schön zusammengekracht ist?" Und dann lacht und tanzt Alexis mit seinem Boss, der sein ganzes Geld verloren hat, Sirtaki. Dieser Film wurde für mich zu einem Vorbild für eine humorvolle Lebenshaltung. Denn gerade in der Perfektionsgesellschaft, in der wir leben, sollten wir lernen zu lachen, wenn wir im Alltag scheitern.

Trotz Schwierigkeiten lachen

Immer wenn ich diesen Film sehe, wird mir klar: Wir können glücklich sein, auch wenn unser Leben schwierig verläuft und von den fast unvermeidlichen Enttäuschungen und Kränkungen geprägt ist. Wir können glücklich sein, wenn wir es schaffen, die kleinen und großen Schwierigkeiten wegzulachen. Tatsächlich gelingt dies 23% aller Deutschen und die Frage ist: Was machen sie richtig? Warum können sie trotz aller Schwierigkeiten lachen? Und warum leiden die restlichen 77% unter einem massiven Humordefizit? [1]

Die Ohnmachts-Allmachtspirale

Die große Mehrheit der Befragten meinte, sie hätten zwar in den normalen Zeiten des Lebens durchaus Humor. Doch bei allen größeren Belastungen würde ihnen der Humor vergehen. Offenbar verlieren wir ihn leicht, während uns die von Angst und Ärger getönten Stimmungen sehr vertraut sind. Dann unterschätzen wir häufig die Bedeutung des Humors. Schließlich beeindruckt er uns nicht mit einer heldenhaften Entschlossenheit und selbst Gefühle von Wut und Zorn wirken zunächst durch die Größe ihrer Wucht. Und doch kann uns der Humor ein Gefühl der Größe in einer Situation vermitteln, die wir zunächst nicht ändern können. Und weil wir alle unaufhörlich schwierigen Belastungssituationen ausgesetzt sind, ist der Humor so wichtig für unser Lebensglück.

Wir müssen kleine oder schwerwiegende Krankheiten bewältigen, die Partnerschaften, die Arbeit und die Kindererziehung sind gelegentlich anstrengend und mühselig. Sehr leicht führt dies bei den meisten Menschen zu einem resignativen Ohnmachtsgefühl. Dies wird jedoch massiv durch eine gesellschaftliche Grundstimmung verstärkt, die sich in den letzten Jahrzehnten verändert hat. Noch in der Studentenbewegung gab es eine Aufbruchsstimmung und die Hoffnung auf eine bessere Welt. Für die meisten ist dies längst Vergangenheit und jetzt empfinden sie, dass ihr Leben von mächtigen Faktoren bestimmt und eingeengt wird, die sie nicht steuern können: Die zunehmende Klimakatastrophe, die nicht endende Euro-Krise, die Flüchtlingswelle und die Tatsache, dass in vielen Ländern Regierungen an die Macht kommen, deren Programm von einem unverkennbar autoritären Geist geprägt ist. Angst macht sich breit und in einer Allensbacher Neujahrsfrage im Jahre 2016 zeigte sich, dass immer weniger Menschen der Zukunft gelassen entgegen sehen. Wir werden resignativ.

Aber diese Resignation unterscheidet sich sehr von der unserer Großeltern. Diese nahmen fast fatalistisch die Unwägbarkeiten ihres Schicksals an, das sie nicht beeinflussen konnten. Soziale, religiöse und politische Strukturen waren autoritär geprägt und wurden von den meisten als nicht veränderbar akzeptiert. Doch wir bäumen uns gegen die Widrigkeiten unseres Lebens auf und können tragische Ereignisse oft nicht akzeptieren. Vielmehr wollen wir die Zusammenhänge unseres Lebens begreifen und steuernd eingreifen. Wir haben den Anspruch, über unser Leben zu bestimmen und so feiern alle Theorien Hochkonjunktur, die uns vorgaukeln, wir seien die Schöpfer unseres Lebens. Man denke nur an die amerikanische Bewegung Christian Science, die davon ausgeht, man könne jede Krankheit durch geistige Kräfte überwinden. Man kann sich ihre Krise vorstellen, als ihre Gründerin trotzdem starb. Und ich erinnere mich noch deutlich an die Botschaft ‚Forever Young' von

Ulrich Strunz. Das Älterwerden könne man durch seine Bewegungsprogramme aufhalten – versprach er. Millionen seiner Bücher wurden verkauft, er bekam riesige Gagen als Redner. Doch dann stürzte er mit seinem Rennrad und verletzte sich schwer.

Hybris ist offenbar gefährlich. Wir brauchen einen gesunden Realismus und müssen unsere Grenzen erkennen, müssen bodenständig bleiben und begreifen, wie sehr wir mitunter dem Schicksal ausgeliefert sind. Wenn wir übertriebene Ansprüche an das Leben stellen, werden wir nicht nur enttäuscht, sondern unsere Resignation verstärkt sich, weil wir die realen Möglichkeiten des Lebens nicht mehr erkennen.

Der Stoßdämpfer

Offenbar liegt die Grundproblematik unseres Daseins in einer Ohnmachts-Allmachts-Spirale, die sich wechselseitig verstärkt. Sie prägt unser Leben und daher haben sich seit Jahrhunderten zahlreiche Philosophen damit beschäftigt. Sie zeigen uns, wie wir diese Spirale überwinden und das Leben sowohl mit seinen schönen Seiten, aber auch seiner Tragik und Dramatik gelassen ertragen und mitunter sogar genießen können. Und sie haben jenen Stoßdämpfer des Lebens gefunden, der unsere Sorgen abfedert und uns auch schwere Krisen überstehen lässt. Auf diesen Stoßdämpfer hat schon Kant vor 200 Jahren hingewiesen. Denn er war davon überzeugt, der Himmel habe uns als Gegengewicht gegen die vielen Mühseligkeiten des Lebens vor allem den Humor mitgegeben.

Der Abstand zur Welt

Tatsächlich ist der Humor der wichtigste Schlüssel zu unserem Glück. Er ist die Eigenschaft, die unser Leben grundlegend verbessern kann. Der Anthropologe Plessner meint sogar, nur der Mensch könne humorvoll sein, dies sei die Folge seiner exzentrischen Position im Leben. Der Mensch sei im Leib und gleichzeitig in der Welt. Dadurch könne er einen Abstand zu sich und zum Leben gewinnen, er könne über sich nachdenken und über sich und die zu bewältigenden Schwierigkeiten lachen.

Diese positiven Kräfte des Humors wurden lange unterschätzt. Zu sehr war der Mensch auf das Überleben programmiert. Er musste daher immer auf das Schlimmste gefasst sein, um Gefahren abzuwehren. Ängste waren in ihrer Signalfunktion wichtig, Ärger und Wut dienten dazu, in Bedrohungssituationen alle Kräfte zu mobilisieren. Doch nun ist zumindest für Westeuropa seit Jahrzehnten eine völlig neue Lebenssituation entstanden. Seit 70 Jahren gibt es keinen Krieg auf deutschem Boden und ökonomisch geht es uns vergleichsweise gut. Gemessen zum Leben unserer Großeltern und Eltern können wir uns – trotz aller Probleme und Bedrohungen – über ein relativ glückliches Dasein freuen. Nun können wir uns auch mit den positiven Gefühlen wie Freude, Heiterkeit und dem Humor beschäftigen.

Das Irrenhaus des Lebens

Für unsere innere Gelassenheit ist der Humor unverzichtbar - damit wir den Alltag überstehen können, damit wir jenes Irrenhaus des Lebens weglachen können, in dem wir uns alle gelegentlich befinden. So schrieb mir auch der gesellschaftskritische Künstler Klaus Staeck, nur mit Humor könne er den Wahnsinn unserer Zeit im Zaum halten: „Immerhin bietet er die Chance, sich selbst nur als winzigen Teil des Nabels der Welt zu sehen, nicht einem Fundamentalismus gleich welcher Spielart zu verfallen. Humor schafft für mich Nähe durch Distanz. Humor macht frei."

Wenn wir an dem Irrsinn dieser Zeit nicht verzweifeln wollen, müssen wir das Weltgeschehen aus einem größeren Abstand sehen. Dann wird deutlich, dass die Gegenwart erheblich friedlicher ist als frühere Zeiten. Zwar sind die Opferzahlen durch Kriege in den letzten Jahren wieder gestiegen und die Flüchtlingszahlen sind erschreckend. Der Terrorismus hat weltweit zugenommen, aber die Konflikte im Ersten und Zweiten Weltkrieg und im Koreakrieg haben erheblich mehr Todesopfer verursacht. Daher kam das Institute for Economics and Peace (IEP) zu der Erkenntnis, der Weltfrieden habe große Fortschritte gemacht. Angesichts der aktuellen Entwicklungen mag dies erstaunen, aber die Geschichte lehrt, dass frühere Jahrhunderte noch viel brutaler waren als die Gegenwart.

Prof. Klaus Staeck

Dr. Wolfgang Krüger
Krefelder Str. 20
10555 Berlin

15.9.93

Lieber Herr Krüger,

hier ist mein Versuch, Ihre Humor-Frage zu beantworten:

Seit meiner Kindheit kann ich das Leben nur aus einer Art ironischer Perspektive betrachten und ertragen. So konnte ich mir auch mit meiner ganz persönlichen Form von Humor den Wahnsinn unserer Zeit, der nur eine spezielle Form des Wahnsinns aller Zeiten ist, gewöhnlich vom Leibe halten, konnte mit seiner Hilfe die gelegentliche Verzweiflung im Zaum halten. Immerhin bietet er die Chance, sich selbst nur als winzigen Teil des Nabels der Welt zu sehen, nicht einem Fundamentalismus gleich welcher Spielart zu verfallen. Humor schafft für mich Nähe durch Distanz, Humor macht frei.

Herzlich
Klaus Staeck

Die Revolution im Kopf

Der Humor bewirkt, dass wir nicht in den alltäglichen Sorgen versinken, sondern den Überblick behalten. Insofern ist er der Rettungsanker unseres Lebens. Er hilft uns, über das Leben zu lachen oder zumindest zu lächeln, auch wenn wir uns wie eine Billardkugel des Schicksals fühlen. Selbst wenn wir machtlos sind, bleibt uns noch immer die Kraft des Humors, mit dem wir uns aus der Position des Opfers in die Einstellung einer inneren Überlegenheit bringen können. Wir sind dann nicht mehr ohnmächtig, sondern es findet eine Revolution im Kopf statt.

Die aktive Maus

Sie kennen sicher die Geschichte mit den beiden Mäusen, die in ein Glas Milch fallen. Und viele Stunden strampeln, da sie nicht sterben wollen. Doch eine Maus resigniert bald und geht unter. Ihre kleine Freundin ist verzweifelt, es bricht ihr kleines Mäuseherz, aber entschlossen kämpft sie weiter, bis auch ihre Kräfte nachlassen. Da fällt ihr ein, dass ihre Mutter einmal sagte, im Paradies würde man in Sahne und Honig baden. „Dann ist ja alles in Sahne.“ - kichert sie piepsend und strampelt wie wild mit ihren Mäusebeinen. Sie ist am Ende ihrer Kraft, als sie schließlich nach einigen Stunden festen Boden unter den Füßen verspürt. Sie ist gerettet, denn sie hat die Sahne zu Butter geschlagen.

Das Mäusebeispiel zeigt, wie vital der Humor sein sollte. Deshalb geht es mir nicht in erster Linie um den harmlos, liebenswürdigen Humor im Lebenswinkel. Ich stimme sehr dem Schriftsteller Adolf Muschg zu, der eine Einschätzung über jene Menschen vornahm, die nur verhalten ‚trotzdem‘ lachen:

„Dieser Humor ist an seiner Tauglichkeit für die böse, fremde und undurchsichtige Welt verzweifelt und behauptet wenigstens seine Nische darin. Gegen diesen Humor zeugt ... seine Harmlosigkeit. Denn sie garantiert auf ihre still-vergnügte Art das Fortbestehen der unerträglichen Verhältnisse, vor denen sie sich wegduckt wie der Hund vor dem Schlag. Nun ist er unter den Tisch geflohen und redet sich ein, da sei er vor den Fußtritten am sichersten."

Humor im Urwald

Wie lebensrettend der aktive Humor sein kann, zeigt das dramatische Beispiel einer Expedition, die in der Hölle des südamerikanischen Urwalds nahe am Aufgeben war. In der tropischen Sumpfhitze erschlafften Forscher und Träger zunehmend und der Proviant drohte auszugehen. Immer schwerer fiel es dem Expeditionsleiter, die Kolonne zum Weitermarschieren zu motivieren. Schließlich folgte niemand mehr seinen Anweisungen. Jeder lag am Boden, keiner rührte sich, alle bereiteten sich auf den Tod vor. Doch plötzlich ertönte aus einer Ecke ein Lachen. Etliche hoben ihren Kopf, einige Gestalten richteten sich auf und schließlich blickten alle auf den Mann, der lächelnd auf seiner Plane lag. Es sah nicht danach aus, dass er verrückt geworden war. Vielmehr steigerte sich nun: „... sein Schmunzeln zu einem belustigten Glucksen, und langsam, jedes Wort deutlich formend, zitierte er Wilhelm Buschs berühmtes Verspaar: 'Denn hinderlich, wie überall, ist hier der eigne Todesfall.' Es war, als hätte ein leuchtender Blitz gezuckt.“ [2]

Bald war hier und dort ein überraschendes Lachen zu hören, einer nach dem anderen bewegte sich – bis sich alle auf den Aufbruch vorbereiteten. Noch vor wenigen Minuten hatte man sich zum Sterben hingelegt und nun machte man sich ärgerlich und fluchend wieder auf den Weg. Und obwohl es in den kommenden Tagen mitunter schier unüberwindliche Schwierigkeiten gab, war die Lähmung endgültig überwunden.

Die Expedition des Lebens

Auch unser Leben ist eine Expedition mit Höhen und Tiefen und beschwerlichen Wegstrecken. Häufig müssen wir seelische Durststrecken überwinden und Ängste aushalten und unser Lebensmut wird auf eine harte Probe gestellt. Dann sind wir auf unseren Humor angewiesen, um durchzuhalten und nicht aufzugeben. Das bestätigte mir auch Astrid Lindgren in einem sehr berührenden Brief. Sie schrieb: „Ich bin in einer Gegend von Schweden geboren, wo die Menschen eigentlich sehr humorvoll sind. Nur weil es eine arme Gegend immer gewesen war und die Menschen brauchten den Humor, um zu überleben.“

ASTRID LINDGREN

Lieber Dr. Wolfgang Krüger,
ich sitze hier und weiss überhaupt nicht wie ich meinen Humor bekommen habe und wie ich diesen Humor behalten werden kann. Ich glaube es muss von meinen Eltern und meinen Geschwistern und vielleicht von dem lieben Gott kommen.

Ich kann nur sagen, dass ich nicht bewusst jeden Tag anfange mit dem Gedanken: "Wie soll ich heute meinen Humor behalten können?" Ich finde doch, dass der Humor heute sehr wesentlich ist für die Menschen wenn so viele Menschen Schwierigkeiten haben.

Ich bin in einer Gegend von Schweden geboren wo die Menschen eigentlich sehr humorvoll sind. Nur weil es eine arme Gegend immer gewesen war und die Menschen brauchten den Humor um zu überleben.

Ich kann Ihnen nur Glück mit Ihrer Arbeit wünschen.

Mit freundlichen Grüssen

Astrid Lindgren

Doch die fast unüberwindbar scheinende Schwierigkeit besteht darin, dass wir gerade dann über fast keinen Humor verfügen, wenn wir dringend auf ihn angewiesen sind. Denn unseren Humor müssen wir zunächst dem Leben abringen, bevor er zu einem inneren Impuls wird. Dies setzt voraus, dass wir die geheimen Wege des Humors finden und beharrlich verfolgen. Dies erfordert - in unserer schnelllebigen Zeit - Ausdauer und Geduld. Aber wir werden reich belohnt und wenn wir schließlich unsere Lebensprobleme weglachen, hat er eine regelrechte Befreiung zur Folge. So sagte mir der Schlagersänger Roland Kaiser in einem Gespräch: „Immer in Situationen, in denen der Spaß aufgehört hat, hat mich der Humor befreit." Ich schrieb Roland Kaiser, nachdem ich einen ‚Tatort' gesehen hatte, in dem er sich selbst ‚auf die Schippe' nahm. Und so war es für mich sehr glaubhaft, dass er meinte: „Ich habe dann alles relativieren können. Der Humor war für mich extrem wichtig."

Dieser Humor ist der Kern unserer seelischen Stabilität, da er auch dann wirksam ist, wenn wir die äußeren Gegebenheiten nicht ändern können, weil wir dem Schicksal ausgeliefert sind. Das war auch die Erkenntnis von Ralph Giordano, der mit einer jüdischen Mutter aufwuchs und oft unter Todesängsten litt. In einer sehr bewegenden Schilderung erinnert er sich: „Noch unter den grausamsten Bedingungen, also in der Nazizeit, war er wirksam, etwa, wenn wir ‚jüdelten'. Das waren heimliche Tänze, bei denen wir drei Brüder uns in greinende, mauschelnde, säbelbeinige Krüppel verwandelten, an deren Anblick sich jeder Judenfeind geradezu berauscht hätte - und die doch nichts anderes waren, als durch die groteske Überhöhung der antisemitischen Karikatur eben diesen Feind zu übertrumpfen und damit lächerlich zu machen."

Ich war sehr beeindruckt, dass der Humor offenbar selbst dann seine befreiende Wirkung entfaltet, wenn wir verfolgt, erniedrigt und bedroht werden.

Gerade in Existenzkrisen hilft uns der Humor, nicht zu verzweifeln und in Ängsten zu versinken. Deshalb ist die Tatsache dramatisch, dass der Humor eher Seltenheitswert hat. Das beginnt bereits damit, dass es sehr schwierig ist,

Ralph Giordano
8.9.93

Im Vorwort zu einem meiner Bücher schrieb mein alter Freund (und Mitbetroffener) Wolfgang Leonhardt: Das eigentlich Tragische im Leben des politischen Publizisten Ralph Giordano bestehe darin, daß seine Arbeitsthemen es ihm verwehrten, jenen eingeborenen Humor, den seine Freunde sonst als einen Grundzug an ihm kennen würden, auch öffentlich zu zeigen.
In der Tat, das trifft den Nerv der Dinge!
Ich habe mich mein ganzes Leben mit dem Nationalsozialismus, mit dem Faschismus und dem Stalinismus herumgeschlagen, dazu fast zwanzig Jahre als Fernsehmann in Asien, Afrika und Lateinamerika mit den Gebrechen und Gebresten der sogenannten "Dritten Welt", nicht zu vergessen auch in jenem Teil Europas, der zu dieser anrüchigen Globalarithmetik gerechnet werden kann. Bei all dem gab es nun wahrlich nichts zu lachen, oder selbst nur zu lächeln, das verbot sich in der Tat. Und dergestalt sahen denn nicht allein meine Texte, sondern auch meine Mienen aus, wenn sie auf dem Bildschirm oder sonstwo zu besichtigen waren.
So entstand unter Freunden das geflügelte Wort: "Mensch, grins' doch wenigstens mal, so, wie wir dich kennen - und sei es auch gänzlich unmotiviert. Aber tu' nicht so, als wenn du es nicht könntest!"
Es hat dennoch nicht sollen sein, muß ich gestehen, es ging beim besten Willen nicht, wenn Zuschauer und Zuhörer nicht den Eindruck gewinnen sollten, ich sei nicht recht bei Verstand.
Die Wahrheit jedoch ist, daß es wenige Lebenssituationen gegeben hat, in denen ich meinen spezifischen, meinen Giordano'schen Humor verloren hätte. Den habe ich einen "federnden" Humor genannt, weil er sofort mit allen Antennen den Humor eines andern

aufgreift, auf ihn eingeht und fortsetzt, vorausgesetzt, wir beide bewegen uns auf der gleichen politischen und ästhetischen Wellenlänge. Er ist sehr hamburgisch, dieser Humor, trocken, lapidar, und dazu in unverwechselbar norddeutschem Tonfall praktiziert.

Vor allem aber war und ist er, wie ich finde, typisch jüdisch, und mir schon in der Wiege eingegeben. Noch unter den grausamsten Bedingungen, also in der Nazizeit, war er wirksam, etwa, wenn wir "jüdelten". Das waren heimliche Tänze, bei denen wir drei Brüder uns in greinende, mauschelnde, säbelbeinige Krüppel verwandelten, an deren Anblick sich jeder Judenfeind geradezu berauscht hätte - und die doch nichts anderes waren, als durch die groteske Überhöhung der antisemitischen Karikatur eben diesen Feind zu übertrumpfen und damit lächerlich zu machen. Seit der Zeit weiß ich auch, daß es keinen Humor ohne Leid gibt, und daß beide die Kehrseiten ein und derselben Lebensmedaille sind. Eine Leserin zitierte einmal in einem Brief an mich einen kleinen Jungen, der mein Foto auf dem Schutzumschlag eines Buches lange betrachtet, es gestreichelt und dann gesagt hatte: "Du armer Dichter, du kannst nicht mehr lachen."

Daraufhin konnte ich ihm schreiben:

"Kleiner Freund, zum Glück irrtest du. Ich habe, trotz allem, das Lachen nicht verlernt, und ich werde es nicht verlernen. Denn erst, wenn wir die Fähigkeit zur F r e u d e verloren hätten, erst dann gäbe es keine Hoffnung mehr, erst dann wären wir wirklich besiegt, gründlich und für immer."

Statt "Freude" hätte da auch "Humor" stehen können.

ihn wissenschaftlich zu erfassen, da es sich hierbei um sehr tiefe, emotionale Prozesse handelt. Wesentlich leichter kann man das Lachen erforschen. Zwar weist Lachen nicht unbedingt auf Humor hin, aber dieser hat immer auch eine Neigung zum Lächeln und Lachen zur Folge. Insofern ist es bemerkenswert, dass Kinder 400-mal am Tag lachen und Erwachsene nur noch 15-mal. Dabei lacht man in den südlichen Ländern wie Portugal 18 Minuten am Tag, aber in Deutschland ist das Lachen seltener - wir lachen täglich nur noch 6 Minuten. Das ist verhängnisvoll, denn schon Nietzsche stellte vor über 100 Jahren fest: „Es ist immer viel zu wenig gelacht worden in der Welt und das ist des Menschen größte Schuld."

Der Tanz auf dem Vulkan

Nun mögen Sie diese Aussagen erstaunen, denn nach einer neuen Umfrage sehen es 4/5 aller Menschen als ihren Lebensinhalt an, Spaß zu haben. Und der Spiegel stellte 1996 sogar fest, es gäbe eine neue Spaßkultur, eine deutsche Amüsieroffensive. Doch diese Spaßkultur erinnert an die zwanziger Jahre, an die frechen Gedichte von Tucholsky, an die Chansons von Claire Waldoff („Wer schmeißt denn da mit Lehm?"), an rauschende Feste und ein fast besinnungsloses Vergnügen. Stimmungsmäßig war es damals der Tanz auf dem Vulkan und auch heute nimmt das Gefühl der Unsicherheit bei den meisten Deutschen eher zu. Aus tiefem Herzen gelacht wird daher immer weniger und meine Studien zeigen sehr deutlich, dass wir fast alle ein Humordefizit besitzen. 80% der Befragten hatten daher das Gefühl, ihr Humor wäre sehr steigerungsfähig.

Was ist Humor?

Doch worum handelt es sich bei diesem Humor, der so wichtig und zugleich so selten ist? Der englische Schriftsteller Henry Fielding schrieb vor 300 Jahren, nichts sei so ungewiss wie unsere Anschauung über den Humor. Denn mit dem Erzählen von Witzen hat er wenig zu tun. Er ist vielmehr die Kunst der heilsamen Selbstdistanz. Insofern ist Humor immer mehr als Lachen, es ist eine Lebenshaltung. Das trifft allerdings nur für den Lebenshumor zu, der sich gesellschaftlich erst in den letzten 200 Jahren durchsetzte. Vorher war eher der boshafte Humor typisch, es war die Schadenfreude, das Lachen über andere. Jede Phase der Menschheitsgeschichte war von einer anderen Einstellung zum Humor geprägt. Und in jedem von uns sind all diese Arten des Humors enthalten. So lachen wir herzhaft über andere, können gelegentlich humorlos sein oder über uns selbst lachen. Damit Sie die verschiedenen Formen Ihres eigenen Humors verstehen können, möchte ich Sie daher zunächst auf eine Reise durch die Geschichte des Humors mitnehmen. Anschließend werde ich Ihnen dann mein Humor-Programm vorstellen.

Humor im antiken Griechenland

Ursprünglich kam das Wort Humor aus dem Griechischen und bedeutete Körpersäfte. Man ging früher davon aus, dass die Persönlichkeitseigenschaften mit den Körperflüssigkeiten zusammenhängen. Vor allem der besondere Saft des Sanguinikers, dem eine lebensfrohe Grundhaltung zugesprochen wurde, war wichtig für den Humor. Und diese Fähigkeit zum Humor war für die griechischen Philosophen göttlichen Ursprungs. So gelangte Aristoteles zu der Überzeugung, erst das Lachen würde den Menschen von Tieren unterscheiden. Unbefangen lachte man daher im antiken Griechenland in der Öffentlichkeit. Aber es war oft mehr ein Auslachen, eine Schadenfreude. Es war eine Form des Lachens, die vor allem die Herrschenden infrage stellte und so äußerte sich schon Platon kritisch über die gefährliche Lust am Lachen. Er rief sogar dazu auf, sich des übermäßigen Lachens zu enthalten. Auch Aristoteles war überzeugt, dass Geist und Witz der Ausdruck der gebildeten Frechheit sei. Deshalb forderte er die Zähmung des groben Lachens, da man sonst sehr schnell vulgär werde. Diese Haltung verschärfte sich in der Spätantike (ca. 200 vor Christus). Nach dem römischen Recht war es verboten, einen Adligen lächerlich zu machen und Cicero beschäftigte sich mehrfach mit der Unangemessenheit von Witzen.

Der Humor im Alten Testament

Diese kritische Einstellung zum Lachen verschärfte sich schließlich im aufkommenden Christentum, das sowohl lust- als auch lachfeindlich war. Im Alten Testament wurde zwar noch gelacht, wie die folgende amüsante Geschichte belegt: Abraham und Sara wünschen sich ihr Leben lang ein gemeinsames Kind, nachdem er bereits eine Sklavin geschwängert hat. Als sie 90 ist und er 100 Jahre alt, prophezeit ihnen Gott, sie würde Mutter werden. Daraufhin fällt Abraham vor Lachen auf sein Gesicht und auch Sara lacht Gott aus. Aber sie bringt tatsächlich ein Kind zur Welt.

Seid traurig – die Botschaft des Christentums

Das Alte Testament ist also mitunter humorvoll und sinnenfroh, doch im Neuen Testament ändert sich dies fundamental. Jesus lacht nicht. Er ist vielmehr sanftmütig und leidend und wird schließlich am Kreuz von den Henkersknechten verhöhnt. Und nun werden die späteren Christen aufgefordert: „Seid traurig, statt zu lachen, und niedergeschlagen, statt euch zu freuen. “[3]

Im Christentum wird das Lachen fortan fast immer als Sünde angesehen, während die Trauer und das Weinen zur frommen Lebensweise gehören. Diese Verunglimpfung des Lachens hält bis zum Mittelalter an. Nur selten darf beispielsweise im Karneval gelacht werden. Das Wort ‚Heidenspaß' weist noch heute auf die heidnischen Ursprünge hin.

Mittelalter: Das Lachen und das Zähnefletschen

Im Mittelalter war der Humor eher derb, spöttisch und gehässig und richtete sich oft gegen Außenseiter, aber auch die Herrschenden. Dieser Aspekt des aggressiven Humors wurde noch in den letzten hundert Jahren von Wissenschaftlern hervorgehoben. Lachen war für sie ein Instinktrelikt aus der ‚Raubtierphase', in der das Zähnefletschen eine Drohgebärde darstellte. Diese wurde dann jedoch im Laufe der Jahrhunderte so weit entschärft, dass nur noch die lustvolle Überlegenheit in einem Machtkampf erhalten blieb. So sagt auch das Sprichwort: „Wer zuletzt lacht, lacht am besten."

Dieser aggressive Humor ist in jedem von uns lebendig geblieben und wir können herzhaft lachen, wenn einem Menschen, der uns gekränkt hat, ein Missgeschick passiert. So enthalten die deftigen Witze meist eine gewisse Schadenfreude oder sind nicht ‚politisch korrekt'. Elegant können wir im Witz unsere Enttäuschung über die versagende Welt unterbringen. Deutlich wird dies im folgenden Witz, bei der eine Frau klagt: „20 Jahre lang waren mein Mann und ich die glücklichsten Menschen auf der Welt. Dann lernten wir uns kennen."

Wie lustvoll kleine und größere Bosheiten sein können, erlebte ich auf einem Kongress bei einer Heiterkeitsübung, die darin bestand, die Kollegen spielerisch zu beschimpfen. Es machte uns ausgesprochen viel Spaß, weil wir nun mit Erlaubnis all jene Gemeinheiten ausleben durften, die wir bisher höflich unterdrückten. Der Kursleiter war sichtlich irritiert, wie leidenschaftlich wir unsere Kollegen mit Schimpfwörtern überschütteten, um danach wieder sehr nett miteinander umzugehen.

Anregung: Wann empfinden Sie Schadenfreude? Schämen Sie sich manchmal für die lästerlichen Bemerkungen oder die boshaften Witze, die Sie über Kollegen oder Ex-Partner/innen erzählen?

Neuzeit: Humor und die inneren Kämpfe

Es ist gut für unsere Vitalität, dass wir einen Zugang zu unseren Bosheiten besitzen, doch für die Kulturentwicklung war es entscheidend, den Einfluss der Schadenfreude zu begrenzen. Aber obwohl dies in der Aufklärung (ca. 1750) zunehmend gelang, blieb die Skepsis gegenüber dem Humor erhalten. Selbst in der französischen Nationalversammlung war zunächst noch immer das Lachen verboten, da es gegen das Prinzip der Ernsthaftigkeit verstieß. Erst ab 1800 sah man den Humor vor allem als befreiende Kraft an. Doch es hatte sich auch die Art des Lachens verändert. Während man sich früher über andere lustig machte, lachte man nun über sich selbst. Aus dem boshaften Lachen wurde die Weisheit des Humors. Der neue Humor speiste sich nicht mehr aus den äußeren Kämpfen, sondern vorwiegend aus inneren Konflikten, die man überwinden musste. Es waren Kämpfe gegen eigene Perfektionsansprüche und das zu starke Über-Ich. Das Lachen war fortan ein Werkzeug in der Auseinandersetzung mit den moralischen Normen.

Kant, Hegel und Nietzsche

Dass der Humor nun zunehmend eine Form der Lebensbewältigung wurde, erregte das Interesse der Philosophen. Dabei beschäftigten sich Kant und Hegel vor allem mit dem Phänomen des Lachens - sowie später auch Nietzsche, der vor über 100 Jahren forderte: „Zehnmal musst du lachen am Tage und heiter sein...." Und im Jahr 1900 schrieb schließlich Bergson sein Standardwerk über ‚Das Lachen'. Für ihn war Lachen vor allem ein Erziehungsmittel, ein Auslachen, wenn Menschen sich gegen die Normen der Gemeinschaft verhalten.

Sigmund Freud und der Humor

Die eigentliche Blütezeit des Humors setzte allerdings erst nach 1900 ein, als sich zahlreiche Psychologen und Psychotherapeuten mit dieser Thematik beschäftigten. Es begann mit Sigmund Freud, der vor allem darauf hinwies, dass der humoristische Lustgewinn aus erspartem Gefühlsaufwand hervorgeht. Man spart jene Kraft, die bisher zur Verdrängung erforderlich war.

Sigmund Freud schätzte den Humor als außerordentliche Fähigkeit und stellte fest: „Humor hat nicht nur etwas Befreiendes, sondern auch etwas Großes und Erhebendes." Und seitdem wurde nicht nur über das Lachen geforscht, sondern das Augenmerk richtete sich zunehmend auf den Humor.

Die neue Humorforschung

Die heutige Humorforschung begann nach dem Zweiten Weltkrieg - insbesondere in den 60iger und 70iger Jahren. Damals beschäftigten sich die amerikanischen Entwicklungspsychologen Paul McGhee und Jeffrey Goldstein noch während ihres Studiums mit dem Humor und veröffentlichten 1972 das Grundlagenwerk ‚The Psychology of Humor'. Als ein weiterer Begründer der Humorforschung gilt William Fry. Bereits 1964 gründete er in Palo Alto sein Institut für Humorforschung, wo er beispielsweise die Arbeit von KomödiantInnen, KabarettistInnen und Clowns untersuchte. Dabei stellte er fest, dass nach jedem intensiven Lachen die körpereigene Hormonproduktion gesteigert wird. Und er erkannte, dass 20 Sekunden Lachen einer Muskelleistung entsprechen, die wir sonst in drei Minuten Rudern oder Joggen aufwenden. In den siebziger Jahren wurden die ersten Kongresse über Humor veranstaltet und die wissenschaftliche Gesellschaft ISHS ‚International Society for Humor Studies' gegründet.

Die Gelotologie

Seit fast vierzig Jahren wird nun verstärkt über das Lachen, die Komik und den Humor und seine Bedeutung für den Alltag geforscht. Während der Studentenbewegung war eher eine skeptische Nachdenklichkeit angesagt, das Lachen wurde als Ausdruck einer oberflächlichen Anpassungsbereitschaft angesehen. So schrieb Adorno, jedes Vergnügtsein sei ein Einverstandensein. Man versöhne sich zu sehr mit den Mächtigen, es entstünde ein „schmatzend einverstandenes Behagen." Tatsächlich war die von Oberflächlichkeit und Verdrängung geprägte Heiterkeit der Nachkriegszeit unerträglich. Insofern war die Kritik von Adorno berechtigt. Aber sie war selbst ziemlich verbissen und humorlos und es war wichtig, diese ideologiebefrachtete Kritik zu überwinden. Und so gelang es schließlich Anfang der achtziger Jahre, einen differenzierteren Zugang zum Humor zu finden. Damit erfüllte sich der Wunsch von Erich Kästner, der einmal angeregt hatte, die Lachkunde wissenschaftlich zu betreiben. Mittlerweile gibt es diese Wissenschaft tatsächlich: die Gelotologie. Der Name entstammt aus dem griechischen Wort Gelos, dem Lachen. Sie beschäftigt sich zunächst einmal mit den verschiedenen Formen des Humors:

Der schwarze Humor bezieht sich oft auf Tabuthemen wie das Sterben und Katastrophen, während der Galgenhumor meist die Heiterkeit gegenüber dem Unentrinnbaren ist. Ein klassisches Beispiel dieses Humors lieferte der Verbrecher Mathias Kneißl, dem meistgesuchten Kriminellen in Bayern um 1900, der neben Raubüberfällen auch beschuldigt wurde, einige Polizisten ermordet zu haben. Als im November 1901 verkündet wurde, dass er durch das Fallbeil hingerichtet werden sollte – es war ein Montag – sagte er bei der Urteilsverkündung: „Dia Woch fängt ja schon guat o."

Doch neben dem Galgenhumor und dem eher bösen englischen Humor (meist ist er makaber und kennt keine Tabus) gibt es eine Vielzahl anderer Arten des Humors. Er ist kulturspezifisch und zugleich immer individuell, denn jeder hat seinen eigenen Humor. Ich möchte das an einem eindrucksvollen Beispiel erläutern: Sigmund Freund wurde während eines Aufenthalts in den USA gefragt, wie man am ‚schnellsten' einem jungen Mann helfen könne, der sehr von seinem Vater verwöhnt werde. Freud ärgerte sich häufiger darüber, dass man komplizierte Probleme sehr ungeduldig lösen wollte. Als er daher lakonisch antwortete, man müsse den Vater umbringen, reagierten die Journalisten verschreckt, denn sie hatten kein Verständnis für den schrägen Humor Sigmund Freuds.

Als Psychotherapeut interessiert mich weniger der aggressive Humor, der meist mit der Schadenfreude einhergeht. Ich werde versuchen, Ihnen vor allem den Lebenshumor näherzubringen, denn es ist dieser Humor, auf den wir vor allem dann angewiesen sind, wenn wir scheitern, wenn alles schiefgeht. Der Schriftsteller Christopher Fry hat es vor mehr als 50 Jahren noch dramatischer ausgedrückt: „Humor ist die Flucht vor der Verzweiflung." Offenbar beginnt dieser Humor, sobald der Spaß des Lebens aufhört. Dann gewinnt man durch den Humor einen Abstand zu den Schwierigkeiten des Lebens. Man erobert sich eine andere Perspektive und sieht neue Handlungsmöglichkeiten, so dass sich jene Hoffnung als berechtigt erweist, die fast immer im Humor enthalten ist.

Die generalisierte Heiterkeitsstörung

Wie kann es jedoch gelingen, diesen Lebenshumor genauer zu erforschen? In seiner Tiefgründigkeit versteckt er sich meist hinter anderen Eigenschaften und verhält sich sehr flüchtig. Daher ging er meist verloren, sobald er der Gegenstand wissenschaftlicher Forschungen wurde. Darüber hat sich auch der Göttinger Psychiater Ulrich Streeck lustig gemacht, indem er die Diagnose der generalisierten Heiterkeitsstörung erfand. So schrieb er: "Die generalisierte Heiterkeitsstörung (GHKS) ist eine oft erst spät erkannte seelische Erkrankung, für die eine Gleichförmigkeit des seelischen Erlebens angesichts von Umständen charakteristisch ist, wie sie normalerweise Anlass von depressiver Verstimmung, Verzweiflung, großer Angst, von Selbstanklagen oder gegen andere gerichtete Aggression sind." Seine Ausführungen wurden sogar in der angesehenen Fachzeitschrift ‚Forum der Psychoanalyse' erwähnt. So provozierten die Aussagen von Streeck ein breites Echo und niemand bemerkte, dass es sich um einen Scherz handelte.

Jedes Ding hat drei
Seiten, eine positive, eine
negative und eine komische.
Karl Valentin

Humor ist eine Lebenskunst

Im Allgemeinen versteht man unter Humor, dass man trotzdem lacht, auch wenn das Leben schwierig wird. Das war ein Bonmot des Dichters Otto Julius Bierbaum. Und nun ist die Kernfrage: Wie entsteht dieser Humor? Kann man ihn lernen oder ist er angeboren? Nachdem ich vor 20 Jahren mit dem beliebten Kölner Volksschauspieler Willy Millowitsch telefonierte, fiel mir die Volksweisheit ein, dass uns der Humor mit der Muttermilch vermittelt wird. [4] Dann rief mich auch die Frau eines bekannten Fernsehmoderators an. Ihr Mann sei leider unterwegs, aber ansonsten sei es doch so: „Den Humor hat man, oder man hat ihn nicht. Es ist unmöglich, ihn zu erlernen.“ Damals war dies offenbar die gängige Überzeugung. Ich fand sie nachvollziehbar, denn Millowitsch ist zuzustimmen, dass es für den Humor kein einfaches Rezept gibt. Und doch gibt es manchmal Situationen, in denen wir um unseren Humor ringen müssen. Mariele Millowitsch schrieb einmal, sie habe in einer Krise die Erkenntnis beherzigt: „Wenn das Dach über Dir zusammenbricht, kannst Du die Sterne wieder sehen.“ Kann so nicht Humor entstehen?

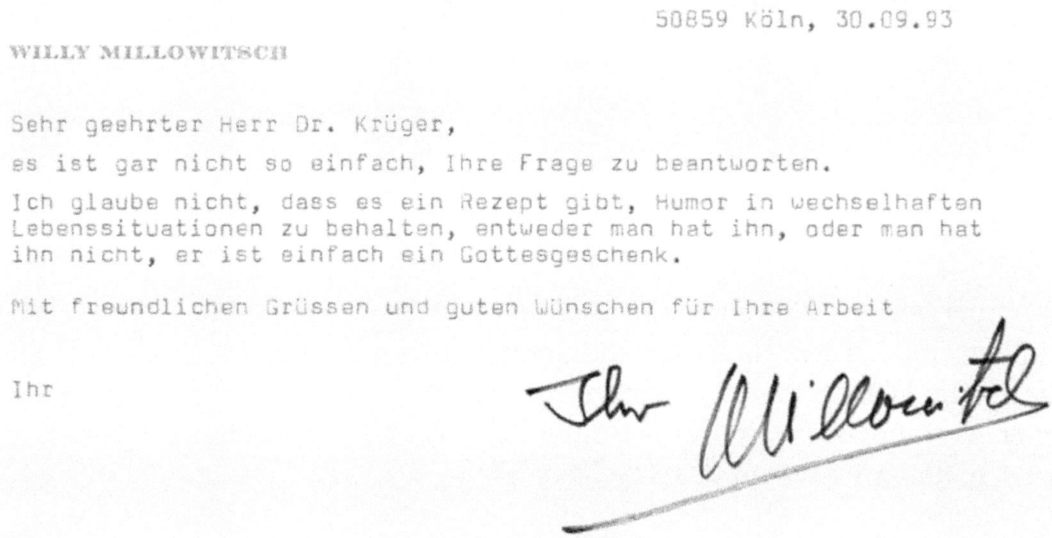

50859 Köln, 30.09.93

WILLY MILLOWITSCH

Sehr geehrter Herr Dr. Krüger,

es ist gar nicht so einfach, Ihre Frage zu beantworten.

Ich glaube nicht, dass es ein Rezept gibt, Humor in wechselhaften Lebenssituationen zu behalten, entweder man hat ihn, oder man hat ihn nicht, er ist einfach ein Gottesgeschenk.

Mit freundlichen Grüssen und guten Wünschen für Ihre Arbeit

Ihr

Ihr Willy Millowitsch

Humorsteigerung: Training oder Krisenbewältigung?

Aber ist der Humor trainierbar? Das jedenfalls behauptete McGhee schon 1979 und neuerdings wird dies auch von der Psychiaterin Barbara Wild vertreten, die Humorkurse anbietet. Die Frage, ob der Humor wirklich trainierbar ist, bleibt also strittig. Fest steht: Man kann es lernen, komische Situationen zu erkennen. Man kann es auch lernen, innezuhalten und das Leben aus einer anderen Perspektive zu sehen. Aber ist nicht bereits ein solches Innehalten, ein solcher Perspektivwechsel das Resultat einer Persönlichkeitsentwicklung? Ist nicht der tiefere Humor ein Geschenk dafür, dass wir eine tragfähige Lebensbasis gefunden haben? Dann wäre der Humor das Ergebnis eines erfolgreichen Ringens mit den Schwierigkeiten des Alltags.

Unser Humor lässt sich steigern, sofern es uns gelingt, unsere Persönlichkeit weiterzuentwickeln. Selbst die trübste Tasse habe vielleicht die Chance, humorvoller zu werden – meint daher die Schriftstellerin und ehemalige DDR-Bürgerrechtlerin Freya Klier, nachdem sie zunächst ihre Zweifel betont und nachdenklich feststellt, Humor sei wie ein Naturell und habe nichts mit der aktuellen Lebensbelastung zu tun. Eine mit ihr befreundete Dame, die Jahre im KZ verbringen musste, habe mehr Humor gehabt als ihr Briefträger. Deshalb kommt sie zu dem Schluss, es gäbe Menschen, die humorlos seien und diese hätte sie immer gemieden. Und sehr hellsichtig erklärt sie, warum der Humor so schwierig zu erlangen sei. Denn der Humor setze eine Souveränität voraus, die letztlich durch einen Bewusstseinsakt entstehe. Erst durch diese geistige Haltung fänden wir jenen Abstand zur Welt, der uns lächeln und lachen lässt, trotz aller Probleme.

Der Humorstatus

Offenbar gibt es Menschen, die auch in den schwierigsten Situationen lachen können und da ich als Psychotherapeut arbeite, interessiert mich vor allem die Frage: Wie können wir lernen, humorvoller zu werden? Wie gelingt uns jener Abstand zur Welt, der so unverzichtbar ist für den Humor? Welche Eigenschaften müssen wir dazu erwerben?

Freya Klier

28.10.93

Humor setzt Souveränität voraus

Je länger ich nachdenke... und tiefer mich einlasse in Erinnerungen an Menschen, die durch die Jahre an mir vorüberzogen - ja, an mich selbst - desto stärker wächst mein Zweifel, Lebenshumor sei etwas Erlernbares.

In erster Linie halte ich ihn für eine Veranlagung. Ein Naturell, mit dem man ausgestattet ist wie einer orthographischen Schwäche, einem Zeichentalent. Wie sonst könnte ich mir erklären, daß eine mir befreundete Dame - über lange Zeit Häftling im KZ Ravensbrück - trotz quälender Traumata noch häufiger lacht als beispielsweise mein Briefträger? Eine muffige Person, die per Gnade der späten Geburt am richtigen Ort derart tiefe Not allenfalls am Bildschirm ertragen muß ? Oder meine Eltern: Wieso vergeht kein Telephonat mit ihnen ohne wenigstens einen Heiterkeitsausbruch ? Sie wurden vom Schicksal ja wahrlich nicht verwöhnt: Mitunter saßen ihre Kinder zeitgleich im Knast, mein Bruder schließlich ging in den Freitod...

Ein Autor fällt mir ein, den man, um ihn zu brechen, lange in eine DDR-Naßzelle sperrte. Und dessen Humor und Menschlichkeit mich (zugegebenermaßen Jahre nach seiner erlittenen Tortur) bei jeder Begegnung neu verblüffen...

Kurz: Ich kenne Menschen, die humorlos s i n d und solche, denen das Lachen zeitweise vergangen ist... und erstere habe ich nie gern an mich herangelassen.

Kein allzu pädagogisches Fazit, muß ich gestehen. Für den Briefträger, so könnte man einwenden, mag es auf einer weit niederen Ebene etwas geben, das ihn quält wie andere ein Lageraufenthalt. Rein subjektiv, versteht sich - weshalb er tagein, tagaus mit faltiger Stirn zu seinen

Kästen schleicht. Ein Argument, dem ich mich beugen müßte... und das mir einmal mehr bestätigt, daß es Menschen gibt, die geringe Anlässe ein Leben lang niederdrückt und solche, die trotz schlimmster Erfahrungen ihr Lachen wiederfinden.

Nach Feststellung der Unterschiede im Naturell läßt sich dennoch Hoffnung schöpfen: Eine orthopädische Schwäche läßt sich schließlich kurieren, ein Zeichentalent ausbauen, selbst ein dünn gesiedelter Humor sich um einiges strecken. Hier liegt die Chance noch für die trübeste Tasse.

Und da ich kein Rezept weiß, [redacted] ein paar eigene Erfahrungen:

Mit denen, die mir nahe waren, habe ich auch in finsteren Zeiten gelacht. In den Glücksmomenten, in denen uns Draufsicht möglich war, in Phasen von Souveränität. Entsprechend der Lage fiel unser Lachen düster aus, mitunter schwarz, doch manchmal schallte es wie ein Befreiungsschlag.

Erzwingen allerdings ließ es sich nie. Ein ´Nun lach doch!´, zur falschen Zeit ins eigene Gesicht geschleudert, ließ allenfalls eine Grimasse zu. Daß Humor wärmt, Schlacke aus dem Kopf räumt, gar ein Korsett zu sprengen vermag ... ich konnte es mir noch so oft herbeten: Es half nicht, wenn ich nicht frei genug war. Denn Humor setzt Souveränität voraus, sonst rutscht er ab - in Zynismus...bärmelndes Kichern, gar Schadenfreude.

Die eigene Souveränität aber stellte sich erst ein, nachdem es mir gelungen war, meinen Kopf freizuschaufeln. Nach einem Denkprozeß, einem nüchternen Akt des Sortierens: Wer hat dich in welche Lage gebracht und mit welchem Ziel ? Wo liegen deine eigenen Anteile und vor allem - wo hängt das Ende des Fadens, mit dem sich der Konflikt aufzurren läßt ? Die Souveränität (und mit ihr das Lachen) waren also nicht

- 3 -

Werkzeug, sondern Resultat eines Bewußtseinsaktes. Er schließlich ermöglichte mir die nötige Draufsicht - nicht zuletzt auf mich selbst. Und glückte mir gar die Vogelperspektive, so setzte der Blickwinkel automatisch auch Komisches frei.
Eine Erfahrung, wie gesagt, kein Rezept.

P.S. Natürlich gab und gibt es Spezifisches im Ost- bzw. Westhumor - schon deshalb, weil die Lachnummern auf unterschiedlich Bekanntem basier(t)en. Doch das verschiebt sich, je mehr der eine Teil Deutschlands mit der Pointenbasis des anderen vertraut wird. Und meine persönliche Heiterkeit vermochte eine trocken dargebotene K-Gruppen-Anekdote stets ebenso zu wecken wie öffentliche Kostproben meiner (mir liebgewonnenen) sächsischen Mundart.
Und eines noch: Mit den Freigeistern in meinem Freundeskreis konnte ich stets schwellenlos lachen - ganz gleich, ob sie aus Bayern oder Brandenburg, aus Warschau, Teheran oder Brüssel waren.

Es ist offenbar schwierig, aber nicht unmöglich, den Humor zu erwerben. Deshalb stellt sich erneut die Frage: Wie entsteht der Humor? Damit beschäftige ich mich seit Jahrzehnten und um den Humor in seiner ganzen Tiefe zu verstehen, habe ich einige umfangreiche Studien durchgeführt. Basierend auf ihren Ergebnissen habe ich ein Programm entwickelt, durch das ich Sie in den folgenden Kapiteln führe. Es beginnt damit, dass Sie den eigenen Humorstatus ermitteln. Bitte beobachten Sie sich für einige Tage und schreiben Sie auf:

- Wie oft haben Sie in den letzten fünf Tagen gelacht?
- Wann haben Sie als Kind gelacht?

- Welche Witze fallen Ihnen ein, was ist Ihr Lieblingswitz?
- Bitte schreiben Sie alle komischen Situationen Ihres Lebens auf, an die Sie sich erinnern.
- Und wann verlieren Sie Ihren Humor?

Die Humorbeule

Wahrscheinlich werden Sie nun feststellen, dass es nicht so einfach ist, den eigenen Humor zu analysieren. Schließlich sind wir alle gelegentlich humorvoll und in anderen Situationen nicht. Und mit den Entwicklungsschritten unseres Lebens verändert sich auch unser Humor. Denn der Humor ist nicht statisch, er hat nichts mit der Vererbung zu tun und deshalb ist auch die Schädelmethode so absurd, von der Mark Twain berichtet. Er ließ sich einmal seinen Schädel von einem Mann untersuchen. Dieser betastete seinen Kopf und stellte dann mit gelangweilter Stimme fest, Twain besäße erstaunliche Courage, unbegrenzte Furchtlosigkeit und außerdem hätte er überhaupt keinen Humor. Er führte das auf eine Delle im Schädel zurück, wo eigentlich eine Ausbuchtung sein müsste. Twain war so verletzt, gedemütigt und verstimmt, dass er sich nach drei Monaten nochmals untersuchen ließ. Und wieder machte der Mann eine erstaunliche Entdeckung: Die Delle war verschwunden und an seiner Stelle stand ein Mount Everest - bildlich gesprochen - 9000 Meter hoch, die erhabenste Humorbeule, der er in seinem ganzen Leben begegnet war! [5]

Die Humor-Biographie

Tatsächlich ist unser Humor veränderbar. Bei manchen Menschen nimmt er ab, bei vielen jedoch im Laufe des Lebens eher zu. Deshalb wäre es sehr interessant, wenn Sie Ihre eigene Humor-Biographie schrieben. Ein wundervolles Beispiel für eine solche Biographie ist der vierseitige Text, den mir der Schriftsteller Heinz Knobloch zugeschickt hat. Dort schildert er eindrücklich, wie sein Lebenshumor entstand: „Meine Dresdner Großmutter, die während des Krieges über ein Jahr bei uns in Berlin wohnte, im vierten Stock, lächelte, wenn meine Mutter und ich in den Luftschutzkeller rannten. Und nach der Entwarnung stand sie schon am Herd und buk Kartoffelpuffer. .... Es ließ sich so vieles überwinden mit dem HEITEREN DARÜBERSTEHEN des Theodor

Fontane…". Dieser ausführliche Brief von Knobloch enthält so vielfältige Anregungen, dass ich ihn im Anhang in voller Länge abdrucke.

Gerhard Schröder als Hundehalter

Doch dann sollten Sie auch darüber nachdenken, wann Sie den Humor verlieren. Meist werden es Situationen sein, in denen wir unseren Willen nicht durchsetzen können, nicht Herr/Frau unseres Lebens sind. So ging es auch Gerhard Schröder. Als er noch Ministerpräsident von Niedersachsen war, antwortete er auf meine Frage nach seinem Lebenshumor: „Als Hundehalter trainiere ich täglich, mir den Humor zu erhalten: Mein Neufundländer Merlin führt mir täglich eindrucksvoll vor Augen, dass es viel leichter ist, die Richtlinien der Politik zu bestimmen als die des Hundeverhaltens. Alle ansonsten erfolgreich erprobten Instrumente der Durchsetzung versagen bei ihm völlig. Diese ständige Auseinandersetzung mit dem Hund beweist mir, wie relativ doch alles Sein und Tun ist. So ergibt sich auf wunderbare Weise und fast zwangsläufig die notwendige Distanz zu den Dingen."

Offenbar sind es zunächst sehr individuelle Situationen, in denen unser Humor gefordert ist. Doch es gibt auch sehr klassische Belastungssituationen. Damit Sie Ihr eigenes Humorprofil erstellen können, sollten Sie sich daher ausführlicher mit den fünf Humor-Belastungen beschäftigen.

Humor-Belastung 1: Der Tag fängt gut an

Es gibt wirklich Tage, an denen man am besten wieder schlafen gehen sollte. This is not my day - pflegen wir dann zu sagen. Als ich an einem Nachmittag vier Analysanden dazu befragte, wurde ich sofort fündig. Eine junge Frau berichtete, dass sie morgens verschlafen habe. Dann sprang ihr Auto nicht an und sie musste mit dem Bus zum Arbeitsamt fahren. Als sie dort eine Stunde gewartet hatte, teilte man ihr mit, dass sie im falschen Amt sei. Sie setzte sich also in die S-Bahn und verfuhr sich, weil man inzwischen den Bahnhof umbenannt hatte. Als sie schließlich zum Arbeitsamt kam, hatte es schon zu. Sie fuhr wieder nach Hause und buchte alle Widrigkeiten mit der gelassenen Einstellung ab, es sei eben nicht ihr Tag.

GERHARD SCHRÖDER

BUNDESKANZLER a.D.

Herrn
Dr. Wolfgang Krüger
Krefelder Str. 20
10555 Berlin

Berlin, den 27. September 2017

Sehr geehrter Herr Dr. Krüger,

vielen Dank für Ihren freundlichen Brief, über den ich mich gefreut habe.

Gegen den Abdruck meines nun fast 25 Jahre alten Beitrages kann ich keine Einwände haben, da ich Ihnen diesen Text damals für diesen Zweck habe schicken lassen. Ich bitte Sie allerdings darauf hinzuweisen, dass dieser aus der Feder des Niedersächsischen Ministerpräsidenten aus dem Jahr 1993 stammt.

Ich wünsche Ihnen für Ihr Buchprojekt viel Erfolg und
grüße Sie herzlich

"Wie haben Sie es in Ihrem wechselhaften Leben geschafft, Ihren Humor zu behalten?"

Meine These ist: Gelassenheit und eine gewisse Distanz zu den Dingen sind Voraussetzung für Humor. Sich den Humor zu erhalten, erfordert tägliches Training.

Also nähere ich mich dem Ziel in drei Schritten mit Hilfe praktischer Übungen:

1. Als Sportler versuche ich, die Grundvoraussetzung für Humor zu erfüllen. Ich bin leidenschaftlicher Tennisspieler, gewinne sehr gern und verliere nur äußerst ungern. Gleichzeitig weiß ich natürlich, daß ich gegen Steffi Graf nicht die geringste Chance hätte. So übe ich im fairen sportlichen Wettkampf, gelegentliche Niederlagen einzustecken - und trainiere damit Gelassenheit.

2. Als Politiker lerne ich viele bedeutende Persönlichkeiten aus der Nähe kennen. Ein schöner Nebeneffekt meines Berufes, denn so mache ich die Erfahrung, daß auch allseits geachtete Leute mitunter gewisse Unzulänglichkeiten aufweisen - wie jeder und jede andere auch. Wenn ich diese Beobachtungen ernst nähme, müßte ich oft verzweifeln. Da dies aber nicht meinem Naturell entspricht, bleibt mir nur das Ertragen mit Humor.

3. Als Hundehalter trainiere ich täglich, mir den Humor zu erhalten: Mein Neufundländer Merlin führt mir täglich eindrucksvoll vor Augen, daß es viel leichter ist, die Richtlinien der Politik zu bestimmen als die des Hundeverhaltens. Alle ansonsten erfolgreich erprobten Instrumente der Durchsetzung versagen bei ihm völlig. Diese

- 2 -

ständige Auseinandersetzung mit dem Hund beweist mir, wie relativ doch alles Sein und Tun ist. So ergibt sich auf wunderbare Weise und fast zwangsläufig die notwendige Distanz zu den Dingen.

Gerhard Schröder
Niedersächsischer Ministerpräsident

Wenn wir uns gelegentlich über schlechte Ergebnisse beim sportlichen Wettkampf oder über unsere Haustiere ärgern, können wir noch humorvoll sein, solange es uns gelingt, etwas Abstand zum kränkenden Geschehen einzulegen. Auch wenn wir aus Versehen morgens Salz in den Kaffee schütten, werden das die meisten komisch finden und die ‚Plörre' wegschütten. Und wenn Sie die Wohnungsschlüssel vergessen und vor Ihrer verschlossenen Tür stehen, werden Sie meist humorvoll reagieren, falls es irgendwo einen Ersatzschlüssel gibt. Das sind die kleinen Missgeschicke im Leben. Doch dieser Humor geht sehr schnell verloren, wenn wir unsere Geldbörse oder unser Smartphone suchen und nicht finden. Oder wenn die Arbeit eines ganzen Tages vergeblich war, weil wir die abgestürzte Computer-Datei nicht abgespeichert hatten.

Komisch ist so etwas meist nur für andere, sie können auch über das Missgeschick lachen, das dem Schriftsteller Hermann Sudermann widerfuhr. Während er an einem Roman schrieb, reiste er zu seiner Mutter und übernachtete in einem kleinen Gasthaus, wo er kurz vor der Abreise noch einmal den 'stillen Ort' besuchte. Nachdem er weitergefahren war, stellte er mit Erschrecken fest, dass er sein Manuskript vergessen hatte. Zwar fuhr er sofort zurück, aber die Suche war vergeblich – bis er völlig verzweifelt auf das WC ging. Und dort fand er - an einem Nagel befestigt - seinen 'durchbohrten' Roman. Allerdings fehlten schon einige Seiten, die einem praktischen Zweck gedient hatten. Sudermann musste also den Anfang des Romans neu schreiben. [6]

Anregung: Wenn Sie selbst verzweifelt etwas suchen, können Sie Ihren Humor nur behalten, wenn Sie den Zirkel von Anspannung und Ohnmacht überwinden. Machen Sie eine Pause, wenn Sie immer unruhiger werden. Denken Sie an Ihren Lieblingsort: Einen Baum, einen Spaziergang, eine Reise. Und vielleicht sehen Sie solche Tage so, als würden Sie sich selbst zuschauen und einen Film drehen. Oder als würden Sie die merkwürdigen Ereignisse einem guten Freund erzählen. Es ist ja unglaublich – was mir passiert ist – werden Sie dem Freund berichten und anfangen zu lachen.

Humor-Belastung 2: Hoffnungen und Größenträume

Einen materiellen Verlust können wir häufig noch verschmerzen, doch viel komplizierter ist es, eine schwere Enttäuschung zu verarbeiten. Eine Liebesbeziehung geht zu Ende, die gewünschte Arbeitsstelle wird mit einem anderen Bewerber besetzt. Es ist schwierig, solche Enttäuschungen zu überwinden, denn immer sind unsere Erwartungen mit Hoffnungen und Größenträumen verbunden, die uns stabilisieren. Wenn diese nicht in Erfüllung gehen, müssen wir seelisch eine regelrechte Bauchlandung verkraften. Dann besteht nicht nur die Gefahr eines Stimmungseinbruchs, sondern einer ausgeprägten Depression. Sie droht vor allem, wenn sich ein Partner von uns trennt. Erst nach Monaten finden wir dann den Humor wieder. Dies setzt jedoch voraus, dass wir unsere seelische Mitte gefunden haben. Und das gelingt eher, wenn uns andere verstehen, uns aber auch zum Lachen bringen. Und herzhaft lachen können wir schließlich vor allem, wenn wir in einer neuen Liebesbeziehung leben.

Andere massive Kränkungen liegen vor, wenn unsere Bedeutung negiert wird. Es ist nicht komisch, wenn wir nicht gegrüßt werden, wenn man unseren Namen vergisst. Mein eigener Humor wird diesbezüglich oft auf eine harte Probe gestellt. Das spürte ich, als ich vor nicht allzu langer Zeit zu einer Festveranstaltung eingeladen wurde. Es sollte eine ganz besondere Feier werden: Die Bürgermeisterin, der Präsident der Universität und andere Würdenträger waren eingeladen. Ich sollte den Festvortrag halten. Also zog ich mir den besten Anzug an und fror in meinen dünnen Hosen ziemlich auf dem Bahnsteig. Im Hotel angekommen stellte ich fest, dass man kein Zimmer für mich gebucht hatte. Dann sah ich im Festsaal die Einladungskarten, in denen ich als Dr. Müller aus Berlin angekündigt war. Schließlich stellte man mich als Mitarbeiter der Firma Allensbach vor und so verlief dann auch der weitere Abend und mir wurde klar: Es ist ein Glücksfall, wenn sich jemand für uns interessiert und unseren Namen kennt. Und oft ist das Leben schräger und komischer, als man sich dies ausdenken könnte. Glücklicherweise hatte man mir zum Abschluss eine kleine Flasche Kräuterlikör geschenkt und so stand ich um Mitternacht auf dem Marktplatz, nahm einen kräftigen Schluck und musste lachen.

Es war ein Versehen

Mindestens ebenso komisch empfand ich eine andere Geschichte, die mir ein Jahr zuvor passiert war. Eine Ministerin aus Potsdam, die ich persönlich nicht kannte, hatte mich (mit Gattin) zu einer privaten Feier eingeladen - ich war etwas erstaunt und gerührt, dass ich offenbar so berühmt war. Zusammen mit meiner Partnerin ging ich einen neuen Anzug kaufen, ließ mir die Haare schneiden und fuhr neu eingekleidet zur Veranstaltung, wo mir schon die Ministerin entgegen kam: „Entschuldigung, ich habe Sie versehentlich eingeladen. Eigentlich meinte ich einen anderen Krüger. Aber Sie können natürlich gerne bleiben – wo Sie doch schon hier sind.“ Immerhin hatte ich nun einen neuen Anzug, in dem ich ein Jahr später heiratete.

Mich beruhigt immer die Tatsache, dass es berühmten Schriftstellern ähnlich ging wie mir. Nachdem das erste Buch von Siegfried Lenz 'Es waren Habichte in der Luft' gedruckt war, gratulierten ihm seine Freunde. Sein Buch über die Habichte sei wirklich ausgezeichnet. Ein Rundfunksender rief sogar an und fragte, ob er an einer Sendung über Vogelkunde als Experte teilnehmen könne. Man verstand nicht, dass die jagenden Habichte in diesem Roman eine Metapher für das Böse im menschlichen Zusammenleben sind.

Der Dichterfürst

Selbst Goethe erlebte eine peinliche Verwechslung. Eines Tages kam eine reiche Bürgerstochter zu ihm und wollte ihn unbedingt sehen. Nach einigem Zögern wurde ihr ausnahmsweise eine Audienz gewährt. Im höchsten Maße aufgeregt, schritt sie im Saal auf und ab, bis der Ersehnte endlich erschien, stürzte auf ihn zu, fiel auf die Knie und begann pathetisch:

Fest gemauert in der Erden
Steht die Form, aus Lehm gebrannt.

Worauf Goethe mehr belustigt als verärgert zu ihr sagte: Es freut mich, dass Sie meinen Freund Schiller ehren - um sich dann zu entfernen.

Aus dieser souveränen Reaktion lernen wir: Der Humor fängt immer damit an, dass man die eigene Person nicht allzu ernst nimmt. Auf diese Erkenntnis stieß ich auch mit einiger Überraschung durch eine Zuschrift des Bundeskanzleramtes. Man teilte mir mit, der damalige Kanzler Helmut Kohl habe sich die Lebensweisheit des Papstes zu Eigen gemacht: Giovanni, nimm Dich nicht so ernst.

Anregung: Rechnen Sie mit der Sprödigkeit der Welt. Es hat meist nichts mit Ihnen zu tun, wenn Sie wenig Anerkennung bekommen und man Ihren Namen vergisst. Das liegt fast immer an der Selbstbezogenheit der Mitmenschen, für die wir unbedeutend sind. „Die Welt ist nicht dazu da, dass man unseren Hintern küsst" - pflegte meine weise Großmutter zu sagen. Wenn Sie sich diesen Realismus aneignen, können Sie auch die Komik erkennen, die immer darin liegt, dass Sie selbst viel erhoffen, während Sie gleichzeitig in Ihrer Bedeutung reduziert werden.

Humor-Belastung 3: Das große Feuer

Wir sind oft gekränkt, wenn wir nicht richtig wahrgenommen werden. Doch es gibt Krisen, die existenziell weit bedrohlicher sind. Wie würden Sie beispielsweise reagieren, wenn Ihr eigenes Haus abbrennt? Aber selbst das kann man humorvoll überstehen, wie der Philosoph Nicolaus Sombart in seiner Erinnerung berichtet. Er war 20 Jahre alt, als sein Elternhaus im Zweiten Weltkrieg abbrannte. Zusammen mit seiner Schwester stand er schließlich vor der noch qualmenden Ruine. Doch sie waren nicht entsetzt oder empört, sondern erfüllt von einer entspannten Heiterkeit und fanden alles sehr komisch: „Wir hielten uns, Brüderlein und Schwesterlein, bei der Hand, und da, im Re-

Dr. Ackermann im
BUNDESKANZLERAMT
K-211 436/93/1

Bonn, den 7. Oktober 1993
Telefon 02 28 / 56 ... 2500
oder 02 28 / 56 0 (Vermittlung)

Sehr geehrter Herr Krüger,

im Auftrag des Bundeskanzlers danke ich Ihnen für Ihren Brief vom 24. August 1993.

Auf Ihre Frage gibt es - wie häufig bei Fragen, die ganz einfach erscheinen - eigentlich keine kurze und griffige Antwort. Ich möchte es dennoch versuchen.

Der Bundeskanzler hat sich vor vielen Jahren eine Lebensweisheit von Papst Johannes XXIII. zu eigen gemacht: "Giovanni, nimm dich nicht so ernst." Sicherlich war dies - neben verschiedenen persönlichen Eigenschaften und Einstellungen Helmut Kohls - ein Mittel, in einem in der Tat wechselvollen Leben den Humor zu behalten.

Mit freundlichen Grüßen
Im Auftrag

Ackermann

Haus-/Lieferanschrift
Adenauerallee 139-141, 53113 Bonn

Briefanschrift
53106 Bonn

Telex
8 86 750

Telefax
02 28 / 56 23 57

gen stehend in unseren tristen Uniformen, das Häuflein Unglück geretteten Guts vor den Augen, lachten wir - ja was soll ich sagen - wir jubelten. Hätten wir in Worten ausdrücken sollen, was wir empfanden - und wir werden es ja schließlich auch irgendwie versucht haben -, so hätten wir so etwas gesagt wie: wir sind den ganzen Plunder los!" [7] Sie konnten lachen, denn sie empfanden trotzig einen antibourgeoisen Affekt, der den ganzen Feuerzauber überstrahlte. Es war ein Gefühl der Befreiung, weil nun alle materiellen Fesseln an das Elternhaus zerstört waren.

Anregung: Humorvoll können wir offenbar dann reagieren, wenn wir einer Situation eine gewisse Komik abgewinnen können. Das gelingt, wenn man unglückliche Entwicklungen nicht aufhalten will, sondern mitunter seelisch begrüßt oder manchmal sogar dem bisherigen Leben einen Tritt verpasst.

Humor-Belastung 4: Das liebe Geld

Nun sind wir zwar in der Lage, manche Krise zu verkraften, aber es gibt Existenzbedrohungen, die uns dennoch zutiefst belasten. Beispielsweise können Geldsorgen unseren Humor völlig zum Erliegen bringen. So schreibt Chaplin in seiner Autobiographie, seine Mutter sei aufgrund von Geldsorgen verrückt geworden. Sie habe nicht mehr gewusst, wie sie ihre Kinder ernähren sollte. Offenbar ist eine ausreichende Geldbasis lebenswichtig. Deshalb hat mich eine Geschichte über drei Goldgräber sehr überrascht, denen das gesamte Gold abhanden kam, das sie in Monaten geschürft hatten. Es wurde von Soldaten verschüttet, weil sie es für Sand hielten. Der Goldgräber Howard begann daraufhin so sehr an zu lachen, dass ihm der Bauch weh tat. Doch seinem Gräber-Kumpel Curtin war dies nicht geheuer und meinte erbost: „Wie Du da lachen kannst, das ist mir ganz und gar unverständlich." Aber Howard entgegnete: „Wenn Du hier nicht lachen kannst, bis Du platzt, dann weißt Du nicht, was ein guter Witz ist, und dann kannst Du mir leid tun. Dieser Witz ist zehn Monate Arbeit wert." [8]

Die Haltung dieses Goldgräbers ist insofern ungewöhnlich, als wir normalerweise den Humor verlieren, wenn unsere finanzielle Absicherung bedroht wird. Wir behalten den Humor eher dann, wenn unsere Basisversorgung abgesichert ist. Allerdings müssen wir auch in der Lage sein, die Bedeutung des

Geldes zu hinterfragen. Denn wenn wir uns allzu intensiv um das Geldverdienen kümmern, kommt häufig das Dagobert-Syndrom zum Tragen. Dann überschätzen wir die Bedeutung des Geldes für das Lebensglück. Um dies zu relativieren, muss unser Leben auch auf anderen Werten als denen des Geldes beruhen. Auf diese Weise kann man auch mit wenig Geld glücklich sein.

Anregung: Bitte reflektieren Sie die eigene Einstellung zum Geld. Mit wie wenig Geld könnten Sie leben? Wie viel Geld sollte auf Ihrem Konto liegen, damit Sie ein Gefühl der Sicherheit empfinden? Können Sie mit Ihrem besten Freund/Freundin über das Thema Geld reden?

Humor-Belastung 5: Eine langwierige Erkrankung

Noch schwerer ist es, den eigenen Humor zu behalten, wenn man unter einer langwierigen Krankheit leidet. Man ist dem Körper ausgeliefert, oft ist sogar das Leben gefährdet oder doch zumindest sehr eingeschränkt. Meist werden die Lebensängste noch durch die Tatsache verstärkt, dass wir den üblichen Beschäftigungen nicht mehr nachgehen können. Man wartet, liegt oft im Bett und hat viel Zeit, über sein Leben und die Krankheit nachzudenken. Häufiger werden wir dann von trüben Gedanken gejagt und machen uns große Sorgen um unsere Zukunft. Mit Recht hat Nietzsche darauf hingewiesen, dass man auf bessere Gedanken kommt, wenn man spazieren geht und sich bewegt. Doch mit einem gebrochenen Bein oder nach einer schweren Operation ist dies nicht möglich und entsprechend drückt unsere Bewegungslosigkeit auf die Stimmung. Aber es gibt auch Lebenskünstler, die selbst in dieser Situation ihren Humor nicht aufgeben. So schrieb der Schriftsteller Wolfgang Borchert: „Ich bin ein Omelett. Vielleicht nicht so appetitlich und knusperig, aber ich liege mindestens ebenso gelb und flach in der schwarzen Stimmung meines Krankseins wie das Omelett in der Schwärze seiner Bratpfanne. Meine Leber ist ein praller Fußball und mein Kopf ein glühender Teekessel. Das übrige zwischen Fußball und Teekessel ist gereizt und geschwollen wie ein Blinddarm... “ [9]

Bei einer schweren Erkrankung können wir unseren Humor nur behalten, wenn wir uns von ihr etwas distanzieren. Was also ist zumindest vorübergehend bedeutender als die Krankheit? Diese Frage stellte sich auch Christian

Morgenstern. Ihm war es wichtig, ein sachliches Verhältnis zu seiner Lungenerkrankung zu gewinnen, denn es schien ihm unerträglich, nur um dieses Thema zu kreisen. Sich als krank zu empfinden, hieß für ihn, seine geistige Freiheit aufzugeben.

Anregung: Wie reagieren Sie, wenn Sie krank sind? Können Sie Abstand zur eigenen Krankheit gewinnen? Können Sie dann die Zeit nutzen und Bücher lesen, mit Freunden telefonieren oder sich anders sinnvoll beschäftigen oder leiden Sie fast ausschließlich darunter, dass Ihr Körper nicht mehr funktioniert?

Wenn das Leben endet

„Ja, ich bewundere solche Menschen, aber wie soll man Humor aufbringen, wenn es sich um eine unheilbare Krankheit handelt? Wenn man merkt, dass es um Leben und Tod geht? Wenn es auf den Sarg zugeht, ist es zu Ende mit dem Humor!“ - meinte eine ältere Dame, die gerade von einer schweren Krankheit genesen war. Natürlich wird für viele von uns die Vorstellung undenkbar sein, auch in einer solchen Situation den Humor zu bewahren. Allerdings gibt es zahlreiche Beispiele dafür, wie man selbst solche Schicksale mit Humor bewältigen kann. Zu ihnen gehörte Sigmund Freud, der an Kieferkrebs litt und schrieb: „Die Behandlung, zu der man sich entschloss, besteht in einer Kombination von Röntgen von außen und Radium von innen, die immerhin schonender ist als - Kopfabschneiden, was die andere Alternative gewesen wäre.“ Bis zu seinem Tode mussten dreiunddreißig Operationen durchgeführt werden. Die Folgen waren schrecklich und dennoch lebte Freud am Ende seines Lebens mit seiner tödlichen Krankheit mitunter in einer humorvollen Allianz und als ein Besucher ihn aufmuntern wollte, erwiderte er gelassen, man solle doch nicht versuchen, seine Organe überleben zu wollen. [10]

Sehr eindrücklich ist für mich auch der Humor Heinrich Heines, der durch massive Lähmungserscheinungen an das Bett gefesselt war. Als ihn Maurice Etienne besuchte, hielt gerade die Pflegerin den abgemagerten Körper Heines in den Armen, um ihn ins Bett zu tragen. Daraufhin scherzte der berühmte Dichter: „Da sehen Sie, wie man mich in Paris auf Händen trägt.“ [11]

Selbst meine schwerkranken Patienten reden über ihre Krankheit häufig mit einem gewissen Humor. Sein „Mitbewohner“ habe sich wieder ausgebreitet, schrieb mir ein Patient, da sein Krebs offenbar erneut andere Körperteile befallen hatte. Indem er sich nicht bemitleidete, konnte er mit seiner Krankheit einigermaßen gut umgehen und rang dem Schicksal Tag für Tag ein kleines Stück Leben ab.

Die Humoranalyse

Bitte überlegen Sie nun selbst, wie Sie mit diesen fünf Lebensbelastungen

- dem alltäglichen Stress,
- den großen Enttäuschungen,
- dem Verlust der Wohnung,
- massiven Geldsorgen
- und einer massiven Erkrankung

umgehen würden. Wahrscheinlich werden Sie feststellen, dass Ihr Humor begrenzt ist. Das jedenfalls war die Aussage der meisten Befragten, als ich in den letzten Monaten zahlreiche Interviews durchführte. Sie klagten, sie hätten bei Trennungen, Geldsorgen und vor allem schweren Krankheiten viel zu wenig Humor: Eine ältere Dame erzählte mir: „Ich war immer verbiestert und humorlos. Mich hat aber der Humor immer interessiert, für mich ist das eine Art gehobener Lebensweise.“ Durchaus humorvoll war auch die Stellungnahme eines Studenten: „Ich nehme alle Probleme mit Humor auf, nur nicht die eigenen.“ Und selbst die Schriftstellerin Christine Brückner bekannte, sie würde den Humor immer wieder und oft vergeblich anstreben. Sowohl bei Umfragen wie auch Zuschriften von Prominenten fiel mir auf, dass zu einer solch ehrlichen Aussage meist nur Frauen in der Lage waren. Eine Ausnahme bildete allerdings vor allem der Politiker Björn Engholm, der mir schrieb: „Humor ist uns Norddeutschen nur begrenzt eigen. Eher sind wir ein wenig stiff, woll mental bedingt.“

CHRISTINE BRÜCKNER

Sehr geehrter Herr Dr. Krüger,

mehr als eine rasche (spotane) Antwort kann dies nicht werden.
Sie fragen, ob man Humor erwerben kann. Nein, ich meine: nein, den Glücklichen wird er in die Wiege gelegt, das ist dann aber eine andere Form von Humor als den, den Sie meinen, den ich immer wieder und oft auch vergeblich anstrebe. Den Rücken an die Wand und dann ein wenig Abstand gewinnen.
In meinen ungehaltenen Reden sagt Christiane Vulpius: 'bevor ich wein', lach ich doch lieber.' Sie sagt das unter Tränen! Ich denke, man muß weinen können, lachen können, schlimm wird es erst, wenn man beides nicht kann, wenn man verkrustet.
Vor etwa 10 Jahren haben wir (mein Mann und ich) den Kasseler Literaturpreis für grotesken Humor' gestiftet, er wird alljährlich verlieren, wir wollen auf die Möglichkeiten des Humors in der Literatur hinweisen. Das sind so Versuche! Lachen-machen, nicht nur über andere sondern möglichst doch auch über selbst, aufzeigen, dass (fast!) alles eine tragische, auch eine komische Seite hat.

Ach - ich kann es doch nicht so hopplahopp - Pardon, ich schicke das Blatt ab und hoffe, das andere Ihnen verständigere Briefe schreiben,

Guten Erfolg bei der Suche na h dem Humor!

Ich war der vielbeschäftigten Schriftstellerin Christine Brückner sehr dankbar, dass sie diesen Brief trotz großer Zeitnot verfasste.

Ich war ein schrecklich ernsthaftes Kind

Besonders beeindruckend fand ich den Brief von Hanna-Renate Laurien, die früher Schulsenatorin in Berlin war. Sie bekannte: „Ich war ein schrecklich ernsthaftes Kind. Rückblickend möchte ich feststellen: Fast ohne Humor." Offensichtlich hat sie dies Defizit im Laufe des Lebens überwunden, denn der Brief endet mit einem sehr feinen, humorvollen Kommentar, mit dem sie die Angriffe über ihre Kinderlosigkeit verteidigt. Die Stellungnahme von Hanna-Renate Laurien ist mutig und erstaunlich, weil wir uns meist kaum eingestehen, zu wenig Humor zu besitzen. Humorlos zu sein, empfinden wir als eines der schlimmsten Defizite. Man kann bequem sein oder unpünktlich oder unter Übergewicht leiden – und kommuniziert dies mitunter sehr ehrlich. Doch Humorlosigkeit ist ein Makel. Deshalb durften wir in der Schule früher faul sein, man durfte ein Sitzenbleiber sein und war trotzdem für die jungen Frauen interessant. Doch wer humorlos war, blieb immer ein Außenseiter.

Das bestätigte mir auch eine Kollegin, die im schulpsychologischen Dienst arbeitet: „Wenn Kinder keinen Spaß verstehen, reagieren die Mitschüler darauf meist aggressiv. Das betrifft nicht nur die Streber, sondern auch sehr schüchterne Kinder, die immer sehr empfindlich reagieren. Sie werden gepiesackt, geärgert oder völlig in Ruhe gelassen. Auf jeden Fall aber will kaum jemand mit ihnen befreundet sein."

Der Brief von Hanna-Renate Laurien ist auch deshalb bemerkenswert, weil er uns durch sehr persönliche Aussagen berührt. Doch die meisten Prominenten schrieben mir, sie wollten sich dazu öffentlich nicht äußern. Am eindrücklichsten war hierbei das Schreiben eines berühmten Schriftstellers, der mir eine tiefsinnige Absage schickte, weil der Humor seine private Angelegenheit sei.

Anregung: Bitte überlegen Sie selbst, über welches Humorpotential (sehr gut, gut, befriedigend, eher schlecht) Sie verfügen. Und dann fragen Sie bitte gute Freunde, ob diese Ihrer Einschätzung zustimmen würden. Wahrscheinlich wird es dann sehr lange und interessante Gespräche geben.

Abgeordnetenhaus BERLIN

Die Präsidentin
des Abgeordnetenhauses von Berlin

Berlin, den 9. September 1993

Sehr geehrter Herr Krüger,

Dank für Ihre Antwort, und nun meine Bemerkung:

Ich war ein schrecklich ernsthaftes Kind. Rückblickend möchte ich feststellen: Fast ohne Humor. Doch die Erfahrung des Unvorhersehbaren im Weltgeschehen, der Unberechenbarkeit von Menschen ließ mich begreifen: Welche Größe ein Ereignis hat, entscheidet die Sicht des aufnehmenden Betrachters - und diese kann wechseln.

Die Verschiebung der Proportionen ist wohl das, was unser Lächeln auslöst. So seltsam es für manchen klingen mag, weil ich mich in einem Urvertrauen in Gott geborgen weiß und diese Beziehung für absolut halte, relativieren sich die Ereignisse unseres Alltags, ohne das sie deshalb nicht ernst genommen würden.
Humor ist für mich auch ein Geschenk, das vor Polarisation schützt. Wer lächelt, haßt nicht! Ich gestehe: Humor "hat" man nicht, man bekommt ihn geschenkt. Wie habe ich mich dankbar gefreut, als in einer Mainzer Parlamentsdebatte mir von der damaligen SPD-Opposition zugerufen wurde, man wollte nun endlich eine Kultusministerin oder einen Kultusminister mit Kindern, und nicht die Junggesellen Vogel und Laurien, zu antworten: Schauen Sie in der Bibel nach, da steht es, die Kinder derer im Geiste sind zahlreicher, als die derer im Fleische.

Mit freundlichem Gruß

Ihre Laurien

Dr. Hanna-Renate Laurien

Wer lachen kann, wo er hätte heulen können,
bekommt wieder Lust am Leben.
Werner Finck

Die Basis des Humors: Die Lust am Lachen

Sie haben sich jetzt vermutlich mit der Frage beschäftigt, wann Sie humorvoll sind und wann Sie Ihren Humor verlieren. Und vielleicht sind Sie auch verwirrt, denn unser Humor hängt sehr von unserer Tagesstimmung ab. Manchmal sind es alltägliche Enttäuschungen, die unseren Humor zum Erliegen bringen. Sie stehen morgens auf und plötzlich spüren Sie, dass Sie absolut schlecht gelaunt sind. Wilhelm Busch hat dies in den Versen

Die Freude flieht auf allen Wegen;
der Ärger kommt uns gern entgegen

gut beschrieben. Ich habe mir daher angewöhnt, meine Stimmungskiller zu erforschen. Oft sind es Kleinigkeiten. Mein Knie schmerzt trotz täglicher Gymnastik. Der Buchabsatz schwächelt trotz zahlreicher Interviews und dann bekomme ich noch im unpassendsten Moment einen Schnupfen. Doch indem ich diese Situationen erkenne und verstehe, kann ich sie auch ändern. Meist sage ich mir dann: Übertreibe nicht, das ist alles nicht so schlimm, Du bist eigentlich gesund, hast Erfolg und wirst geliebt und überhaupt - morgen wird sich das ändern. ‚Geraderücken' nenne ich diese emotional-geistige Korrektur, die meinen Humorhaushalt wieder herstellt. Allerdings gelingt dies nur, wenn ich zusätzlich etwas Wichtiges finde, was meine Sorgen relativiert. Den üblichen Spruch meiner Mutter („Denke an die armen Kinder in Afrika!") fand ich nie hilfreich. Aber Körperkontakt und das gemeinsame Lachen verbessern sehr häufig grundlegend meine Stimmung.

Anregung: Wissen Sie, warum Sie manchmal schlecht gelaunt sind? Welche kleinen Belastungen ‚verhageln' Ihnen die Stimmung? Und wenn Sie es nicht wissen: Fragen Sie doch einmal Ihre Freunde oder Partner/in, wann Ihnen der Humor abhanden kommt.

Unsere Humor-Analyse

„Immer wenn mir der Bus vor der Nase wegfährt, wenn es beim Ausflug plötzlich regnet, wenn mein Chef mich kaum grüßt und wenn ich bei einer Party so schüchtern bin – immer dann bricht meine Stimmung ein." – schilderte mir nachdenklich eine Freundin, nachdem sie einige Wochen ihre Humor-Killer beobachtet hatte. Doch diese kurzfristigen Humor-Eigenschaften können wir nur verstehen, wenn wir sie richtig einordnen. Ich regte daher die Freundin an, auch ihr langfristiges Humor-Kapital zu erforschen. Auch Sie sollten daher darüber nachdenken, wie Ihr Humor in der Kindheit entstanden ist und wie er sich in den verschiedenen Lebensabschnitten entwickelt hat. Allerdings ist diese Einschätzung meist nicht einfach, weil wir im Allgemeinen das eigene Verhalten als selbstverständlich einschätzen. Ein gutes Beispiel scheint mir dafür der Brief von Alfred Biolek zu sein. Er meinte, er sei schon immer humorvoll gewesen und habe nie etwas bewusst getan, um seinen Humor zu behalten.

Allerdings ist nicht jeder - wie Alfred Biolek - mit diesem unerschütterlichen Humor gesegnet, der offensichtlich ein grundlegender Teil seiner Persönlichkeit ist. Wie also können Menschen vorgehen, die ihren Humor steigern möchten? Nun hängt zwar der Humor immer mit unserer Persönlichkeit zusammen. Aber für den Anfang meines Humor-Programms gilt: Sie müssen nicht Ihr gesamtes Leben ändern, um humorvoll zu werden. Denn es gibt einige direkte Wege, damit Sie Ihren Humor ganz wesentlich steigern können. Sinnvoll ist zunächst, dass Sie Ihren bereits vorhandenen Humor intensivieren. Bitte stellen Sie sich daher folgende Fragen:

- Worüber lachen Sie?
- Wen sehen Sie sich gerne auf der Bühne, im Fernsehen oder im Kino an?
- Welchen Komiker hören oder sehen Sie gern?
- Was finden Sie komisch?

Dann sollten Sie sich im Kino Filme ansehen, die Sie erfahrungsgemäß zum Lachen bringen. Oder Sie könnten sich eine DVD anschauen oder bei YouTube nach Auftritten Ihres Lieblingskomikers suchen. Wenn Sie sich regelmäßig

ALFRED BIOLEK

Köln 20. Mai 2016

Sehr geehrter Herr Krüger,

Ich kann Ihre Frage leider nicht beantworten. Ich habe nie bewußt irgendetwas gemacht, um meinen Humor zu behalten. Ich war mir nie bewußt, meine Sendungen oder auch meine privaten Kontakte mit Humor zu führen. Humor war für mich immer eine Selbstverständlichkeit. Wenn ich jetzt auf Grund Ihrer Frage darüber nachdenke, dann ist es etwas, was ich offensichtlich geerbt habe und was deshalb in meinem Auftreten von Anfang an dabei war.

Ich habe schon sehr früh alles getan, um meine Gesprächspartner oder Zuhörer heiter zu stimmen. Ich war schon als junger Mensch bekannt dafür, daß ich gerne und erfolgreich Witze erzählt habe – ohne mir dabei irgendetwas für mich Wichtiges auszudenken.

Mein Leben war beruflich und auch privat überwiegend positiv. Erlebnisse (wie z.B. die Vertreibung aus der Heimat als Kind), die mein Lebensgefühl negativ geprägt hätten, waren sehr selten und von geringer Einflußnahme auf mein Verhältnis zu anderen, wozu auch der Humor gehört.

Ich wünsche Ihnen für Ihr Projekt viel Erfolg und sende Ihnen herzliche Grüße.

Ihr Alfred Biolek

dafür Zeit nehmen, kann Ihre Lebensstimmung erheblich steigen. Das war die Erfahrung einer meiner Patientinnen, die immer wieder unter massiven Panikgefühlen litt. Ich empfahl ihr, sich täglich an Humorfilmen zu erfreuen. Wochenlang schaute sie sich für eine Stunde Filme von Otto, Peter Frankenfeld und Jürgen von der Lippe an und sie schilderte, dass ihr Grübeln, ihre gedrückte Stimmung sehr nachließ. Jüngere Patienten ließen sich eher von Cindy aus Marzahn oder Rainald Grebe mit seinem Brandenburg-Song zum Lachen bringen.

Das grundlose Lachen

Sie haben jetzt häufiger gelacht, weil Sie sich Filme von Charlie Chaplin, Loriot, Otto oder Hape Kerkeling angeschaut oder sich Gedichte von Heinz Erhardt („Die Made….“) angehört haben. Aber nicht immer haben wir einen Gedichtband bei der Hand, nicht immer können wir einen Film betrachten. Manchmal sind wir auch nicht in der Stimmung, uns durch die Komik anderer Menschen mitreißen zu lassen. Allerdings ist die weltweite Lachbewegung davon überzeugt, dass dies auch nicht unbedingt notwendig ist. Ihre Vertreter sind der Meinung, dass wir überhaupt keinen Grund brauchen, um zu lachen. Sie entwickelten vor allem die Technik des Lachyoga, das aus zahlreichen Übungen besteht, in denen man zum Lachen animiert wird. Grundlage der Lachyoga-Bewegung ist die Erkenntnis: Wenn Du so tust, als ob Du lachst, kommt das wirkliche Lachen wie von selbst. Zwar wirke dies am Anfang immer wie gewollt, aber letztlich sei es dem Körper egal, ob das Lachen durch eine komische Situation, durch einen Witz oder eine Willensentscheidung entstünde.

Die weltweite Lachbewegung

Das Lachyoga wurde von dem praktischen Arzt Madan Kataria aus Mumbai/Indien erschaffen. Sein Ziel war es, den zunehmenden Stress abzubauen, der für 70% aller Krankheiten verantwortlich sei. Dazu sollten sich möglichst viele Patienten in den kostenlosen Lachclubs gesund lachen können. 1995 gründete er den ersten Lachclub und 2010 gab es bereits in über 72 Ländern mehr als 6.000 solcher Gruppen. Wie weltumspannend diese Gruppen inzwischen sind, zeigte sich 1998 auf den ‚Welt-Lachtagen‘ in Mumbai, wo 12.000

Menschen zusammen kamen. Und zwei Jahre später waren es bei den ‚Welt-Lachtagen' in Kopenhagen mehr als 10.000 Teilnehmer.

Lachen auf Kommando?

Neugierig geworden, nahm ich im Herbst 2016 an einer solchen Lachyoga-Veranstaltung teil. Allerdings war ich zunächst skeptisch. Ich fragte mich, ob ein Lachen auf Kommando überhaupt funktionieren könne. Kann man sich wirklich vornehmen, lustig zu sein und zu lachen? Doch diese Frage beschäftigte mich bald nicht mehr, als sich spannende Lach- und Entspannungs- und Atemübungen abwechselten. Immer wieder atmeten wir tief ein, klatschten in die Hände und riefen mit unterschiedlicher Modulation: „Ho-Ho-he-he-he". Zunehmend spürte ich meine Entspannung und musste unentwegt gähnen, weil sich mein alltäglicher Stress verflüchtigte. Und plötzlich musste ich in den Übungen - auch angesteckt durch die Lachsalven der anderen - herzhaft lachen. Am unbekümmertsten war dies, wenn ich aktiv sein konnte. Ich wurde angeregt, den Löwen zu spielen, der die Antilope vor sich hertreibt. Mit rotem Kopf raste ich durch den Raum, die Antilope ergriff piepsend die Flucht. Mein Kopf war ausgeschaltet, die Jagd in der Prärie begann. Zunehmend steigerten wir uns in einen Zustand völliger Entgrenzung hinein. Die sonst gehemmten Affekte hatten freien Raum, wir agierten lustvoll, ja lustig miteinander und mussten unwillkürlich lachen. Und am Ende des Seminars wurden wir angeregt, das Lachen auch außerhalb solcher Treffen zu kultivieren und möglichst täglich zu lachen. Dann wäre jeder Augenblick ein Feiertag.

Lachen, auch wenn das Leben schwierig ist

Nach dem Seminar saßen wir noch in einem kleinen Kreis zusammen und ich fragte die Lachtrainerin Anne Rauch, die diesen Nachmittag engagiert und sehr professionell geleitet hatte, was das Lachyoga ihrer Meinung nach langfristig bewirken kann. Sehr nachdrücklich meinte sie: „Es ist wichtig, dass wir lachen. Wir lernen hier eine Technik, die wir überall anwenden können. Wir können das Lachen sozusagen herbeizaubern. Wir erfahren beim Lachyoga, dass man auch ohne Grund lachen kann und dass es hilft, wenn das Leben stressig oder schwierig ist und man kann sich daran erinnern, wenn trübe Stimmungen das Leben verdüstern."

Aber sie mahnte auch, man dürfe die Erwartungen an die Wirkung solcher Gruppen nicht zu hoch schrauben. Das ist auch die Meinung von Madan Kataria. Er betont, dass Lachen kein Heilmittel darstelle, sondern präventiven und therapeutischen Charakter habe, weil sehr viele Menschen ihr Lachen verloren hätten. Da Humor zum Lachen führe, will er im Umkehrschluss über Lachen den Humor entwickeln. Entscheidend sei der Wille zum Lachen. Dann würde sich der Humor mit dem Mantra „Fake it, fake it, until you make it!" entfalten.

Um das Tragische und das Komische
im Leben zu sehn, dazu gehört
ein großes, warmes Herz.
Emanuel von Bodman

Der mittlere Humor

Indem Sie den eigenen Humor analysieren und wieder anfangen zu lachen, können Sie verstärkt unbekümmerte Momente erleben. Dabei kann Ihnen das Lachyoga helfen. Allerdings wirkt das Lachyoga – und die meisten heutigen Methoden zur Steigerung des Humors - eher von außen nach innen. Sie sind ein Erlebnisangebot an die Seele und können häufig etwas auslösen. Aber bereits in den kleinen Belastungssituationen reicht dies oft nicht aus. Deshalb arbeite ich mit einem aufbauenden Verfahren, das die Seele vor allem von innen stärkt und damit den Humor ermöglicht. Letztlich ergänzen sich beide Verfahren.

Wenn wir unsere emotionale Basis finden und unsere seelische Stabilität erhöhen, entsteht der mittlere Humor. Dann können wir von innen heraus lachen und über das Schicksal triumphieren. Denn nun sind wir in der Lage, das Leben plötzlich anders zu sehen und die kleinen und großen Schwierigkeiten zu relativieren.

Doch diese seelische Stabilität bekommen wir nicht geschenkt, da sie immer das Ergebnis der Überwindung von Schwierigkeiten ist. Trifft ein Mensch nie auf schier unüberwindbar erscheinende Situationen, entwickelt er keinen Humor. Deshalb sagt man auch, der Humor sei eine Perle, die nach einer kleinen Verletzung entsteht.

Offenbar ist es wichtig, dass wir mutige Antworten auf das Leben finden, das uns ständig kränkt und ohnmächtig macht. Dann wächst jener Humor, der als kraftvoller Katalysator wirkt. Zwar setzt er zunächst eine genügende seelische Basis voraus, die er dann jedoch so verstärkt, dass er sie vervielfacht.

Zwei Schwerpunkte leben

Immer ist der Humor das Ergebnis eines spannungsreichen Prozesses. Er ist das Resultat einer zunehmenden Souveränität, indem wir den schwierigen Alltag begreifen und bewältigen. So entsteht jene Fähigkeit, die man als das Doppelleben des Humors bezeichnen kann. Dann sind wir zwar Teil dieser Welt und können doch Abstand einlegen. Wir fühlen uns sehr mit anderen verbunden und sind dennoch nicht von ihnen abhängig. Auf diese Weise können wir die Welt wohlwollend betrachten und Widersprüche aushalten und können sogar die dunklen Seiten in uns tolerieren. Nur so können wir es ertragen, dass wir weniger sind und schaffen, als wir erwartet haben und dass wir auch von uns selbst gelegentlich enttäuscht sind.

Der Klügere gibt nach

Meisterhaft können wir diese Fähigkeit der Distanzierung begreifen, wenn wir die Tagebücher von Erich Kästner lesen. Der berühmte Schriftsteller wohnte in Berlin in einer wunderschönen Wohnung, die im Zweiten Weltkrieg abbrannte. Voller Anteilnahme las ich in seinem Tagebuch: „Vorgestern Nacht war nun also meine Wohnung an der Reihe. Ein paar Kanister ‚via airmail' eingeführten Phosphors aufs Dach, und es ging wie das Brezelbacken. Geschwindigkeit ist keine Hexerei. Dreitausend Bücher, acht Anzüge, einige Manuskripte, sämtliche Möbel, zwei Schreibmaschinen, Erinnerungen in jeder Größe und mancher Haarfarbe, die Koffer, die Hüte, die Leitzordner, die knochenharte Dauerwurst in der Speisekammer." Wenigstens einer der Schreibmaschinen habe er das Leben retten wollen. Doch „… leider sausten mir schon im dritten Stock brennende Balken entgegen. Der Klügere gibt nach."

Schon diese letzte Zeile zeigt die Distanzierung von Kästner, der nicht verzweifelt ist oder depressiv reagiert. Vielmehr stellt er erstaunt fest: „Hinterher ist einem seltsam leicht zumute. Als habe sich das spezifische Gewicht verändert. Für solidere Naturen bestimmt ein abscheuliches Gefühl. Nicht an die Güter hänge dein Herz!"

Schlüssel ohne Wohnung ist ärgerlich

Allerdings gehört Kästner nicht zu den Frohnaturen, die alles verdrängen und immer lustig sind. Auf diese Weise entsteht kein Humor. Humor ist vielmehr ein innerer Prozess, in dem wir auch Trauerarbeit zulassen und uns von dem Verlust innerlich verabschieden. So schreibt Kästner, die Bücher würden ihm am meisten fehlen. Ebenso einige Briefe und Fotos „... Und dann die Bettwäsche, die Oberhemden, die gestickten Taschentücher, die Krawatten, die mir Mutter allweihnachtlich schenkte. Die stolze Schenkfreude, die sie nach jeder großen Wäsche immer wieder neu hineingeplättet hat. Das ist nun mit verbrannt." Er glaubte, dergleichen könne nicht verbrennen. Man müsse dies alles erst am eigenen Leib erfahren, bevor man mitreden könne.

Erst jetzt ist Kästner fähig zur Komik und stellt nüchtern fest: Den Schlüssel habe er noch, aber.... „Wohnung ohne Schüssel ist ärgerlich. Schlüssel ohne Wohnung ist geradezu albern. Ich wollte die Dinger wegwerfen. In eine passende Ruine. Und ich bring's nicht fertig! Mir war's, als würfe ich frisches Brot auf den Müll. Welch unsinnige Hemmungen Schlüsseln gegenüber, die wohnungslos geworden sind!" [12]

Doch woher nahm Kästner die Stärke, um sein Schicksal so humorvoll verarbeiten zu können? Seine Beziehung zu der in Dresden lebenden Mutter war sehr schwierig, kompliziert war immer auch sein Verhältnis zu Frauen. Es ist kennzeichnend für Kästner, wenn er schreibt: „Die Liebe ist ein Zeitvertreib, man nimmt dazu den Unterleib." Was blieb also Kästner, nachdem er seine äußere Heimat verlor? Es blieb ihm die innere Heimat: das Schreiben, seine Kreativität. Schreibend verarbeitete Kästner das Schicksal und fühlte sich nicht mehr so ohnmächtig. Er überlebte die Zeit des Nationalsozialismus. Zwar mit seelischen Wunden, aber er überlebte.

Anregung: Bitte überlegen Sie: Was wäre für Sie so wichtig, dass es Sie ablenken könnte und Ihnen eine seelische Heimat bieten würde, wenn Ihre Wohnung abgebrannt ist? Gibt es seelische Rückzugsräume, haben Sie eine Lebensaufgabe oder Interessen, die wichtiger sind als jeder Besitz, jedes Eigentum?

Aktivität kontra Ohnmacht

Natürlich gibt es nicht den einen Weg des Humors, sondern eine Vielzahl von Möglichkeiten. Aber stets ist der Humor ein Aufbegehren gegen das Schicksal und mitunter fast eine trotzige Rebellion gegen das schwierige Leben. Es ist ein ‚Dennoch', das mich oft an die kleinen Kinder erinnert, die jedes Mal aufstehen, wenn sie hingefallen sind.

Humorvolle Menschen leben nach dem Geist von Ulysses. In dem berühmten Werk von Alfred Tennyson bittet er die Getreuen, noch einmal auf große Fahrt zu gehen. Es langweilt ihn, tatenlos den König zu spielen und stellt fest:

Sind wir auch länger nicht die Kraft,
die Erd' und Himmel einst bewegte,
so sind wir dennoch was wir sind;
Helden mit Herzen von gleichem Schlag,
geschwächt von Zeit und von dem Schicksal;
doch stark im Willen zu ringen, zu suchen, zu finden.
Und nie zu weichen.

Diese Kraft des ‚Dennoch' ist das zentrale Ergebnis meiner Studien. Ich habe in den letzten Jahrzehnten das Leben vieler Menschen studiert und mir fiel auf, dass humorvolle Menschen selbst nach einem schweren Schicksalsschlag nicht vollständig deprimiert waren. Vielmehr kämpften sie und gingen – zumindest langfristig - oft gestärkt aus einer Krise hervor. Das ist das eigentliche Geheimnis der Widerstandskraft, denn sie ist immer das Resultat aktiver Auseinandersetzungen. Sie entsteht nicht, wenn wir uns verpanzern und uns ängstlich hinter unseren Mauern verstecken. Widerstandkraft ist kein Prozess des Ausharrens. Vielmehr geht es darum, dass wir die eigene Ohnmacht überwinden und zu den Gestaltern unseres Lebens werden. Das spüren wir, wenn wir arbeiten, wenn wir kämpfen, wenn wir unser Leben verändern.

Das seelische Gleichgewicht

Als ich anfing zu schreiben, sagte mir ein erfahrener Schriftsteller, ich müsste jahrelang üben und erst nach zehn oder zwanzig Jahren würde ich wahrscheinlich Erfolg haben. Ich verfluchte damals diese Einschätzung und empfand die Ratschläge des Schriftstellers als ziemlich überflüssig und mühselig. Und vielleicht empfinden auch Sie meine Anregungen als zu anstrengend, vielleicht vermissen Sie jene Lust, jene Erholung, jenes Behagen, die unser Leben erst lebenswert macht. Ich kann Sie beruhigen: Sie werden diese Lust, diese Lebensfreude spüren, wenn Sie das seelische Gleichgewicht finden – und dabei will ich Ihnen helfen. Ich will Ihnen helfen, jene Spielräume des Lebens immer wieder zu gestalten, die so leicht verloren gehen. Ich kann Ihnen helfen, auch wenn Ihre bisherigen Bemühungen vergeblich waren. Denn meist wird uns suggeriert, dass wir viel in kurzer Zeit erreichen können, ohne uns anzustrengen. Glauben Sie wirklich, dass dies möglich ist?

Die eigenen Spielräume zu finden, ist immer kompliziert. Denn Sie müssen gute Antworten finden für die Kernfragen des Lebens: Lösungen für die Verstrickungen in der Liebe, die fast immer zugleich schwierig und schön ist. Wir fühlen uns zum anderen hingezogen und wollen doch einen ausreichenden Abstand, müssen Machtkämpfe bewältigen, Konflikte klären und immer wieder Nähe herstellen. Wir sollten uns anderen Menschen zugehörig fühlen, ohne uns zu sehr zu verlieren. Wir sollten das Thema Geld ernst nehmen, ohne es zu überschätzen. Wir müssen jene beruflichen Probleme klären, die langfristig in jeder Tätigkeit entstehen.

Auf all diese Konflikte gibt es keine einfachen Antworten. Deshalb sollten wir lernen, unsere Beziehungen zu verbessern, wir sollten Probleme ansprechen und uns selbst entwickeln, um selbständig und erwachsen zu werden. Wir sollten unser Leben reflektieren, beherzt handeln und immer wieder neue Ziele ansteuern. Dann spüren wir die Ecken und Kanten, aber auch die Möglichkeiten unseres Lebens und erarbeiten wir uns jene Freiheit, die den Humor aufblühen lässt. Und das erfordert eine große Ausdauer, einen großen Lebensschwung.

Wie finde ich meine aktive Grundstimmung?

Als ich diese Gedanken einem Freund vortrug, fragte er mich fast verärgert: „Ich soll also aktiv sein und immer wieder neue Lösungen für schwierige

Lebensfragen finden, obgleich ich keine Kraft habe, obwohl mir das Leben die Füße wegzieht, obgleich ich oft schlecht schlafe und zu nichts Lust habe?"

Dieser Einwand ist berechtigt. Aber Tatsache ist: Wer nur grübelt und sich zunehmend aus dem Leben zurückzieht, verliert den Humor. Und wir gewinnen ihn, wenn wir uns immer wieder aufraffen und uns dem Schicksal fast trotzig entgegen stellen. Doch tatsächlich besteht das eigentliche Problem darin, dass wir dazu auf eine aktive Grundstimmung angewiesen sind. Und in hoffnungslosen Situationen entsteht diese am schnellsten, wenn wir uns bewegen.

Sport zur Stimmungsstabilisierung

Wenn meine Patienten zu viel grübeln, empfehle ich ihnen, Sport zu treiben, sobald ihre depressiven Stimmungen einsetzen. Dann überwinden sie ihre Ohnmachtsgefühle, denn sie spüren ganz körperlich, dass sie leben. Sie spüren den Wind, den Regen, mitunter die Kälte und diese sinnlichen Erlebnisse führen dazu, dass sich die Schwierigkeiten ihres Lebens relativieren. Das ist auch mein Lebensrezept: Ich treibe viel Sport und gern halte ich mich im Sommer im Garten auf. Wenn ich die Erde umgrabe und die Krähen munter auf dem Dach hüpfen und die Stacheln der Himbeersträucher meine Haut ritzen, tanke ich sinnlich auf und alle Sorgen treten in den Hintergrund. Und sobald ich mit Freunden an einem Tag 60 km mit dem Fahrrad unterwegs bin, albern wir abends fast immer herum und sind lustig. Wir haben Schönes erlebt und die ausgeschütteten Glückshormone führen dazu, dass uns leicht ums Herz ist. Das ist die beste Basis für eine humorvolle Stimmung.

Anregung: Welche Aktivität könnte zu Ihnen passen, wenn Sie spüren, dass Ihre Stimmung einbricht? Machen Sie dann Sport oder räumen Sie Ihre Wohnung auf oder putzen Sie Ihre Fenster? Der Philosoph Sartre hat einmal empfohlen, man solle die Welt verkleinern, sobald man von den großen Sorgen übermannt wird. Und genau das passiert, wenn wir Staubwischen oder bügeln. Oder Sie verwöhnen sich und nehmen vielleicht – wie Dagmar Berghoff – bei Kerzenschein und schöner Musik ein heißes Bad.

Dagmar Berghoff

7.9.93

Sehr geehrter Herr Dr. Krüger,

hier meine Antwort auf Ihre Frage :"Wie behält man seinen Humor ".

Mir hat sicherlich geholfen, daß ich von Natur aus ein optimistischer Mensch bin, der auch bei schwierigsten Problemen daran glaubt, daß doch irgendein positiver Aspekt in der Situation liegen muß, und sei er noch so klein.
Dazu haben sich in meinem Berufsleben ziemlich schnell zwei Allgemeinsätze bestätigt, nämlich : "Es wird nichts so heiß gegessen wie gekocht", und : "Es wird überall nur mit Wasser gekocht."
Diese Sätze habe ich versucht auf das Private zu übertragen,was zumindest eine gewisse Gelassenheit gegenüber Turbulenzen jeder Art mit sich bringt.
Und wenn alle STricke reißen, beruflich oder privat, nehme ich ein ausgibiges und ganz heißes Bad, bei Kerzenschein und schöner Musik, und bin danach für einige Zeit erstmal ein neuer Mensch....

Mit vielen Grüßen und guten Wünschen für Ihr Projekt !

P.S. Ansonsten glaube ich übrigens, daß man Humor (wie auch Ironie) gar nicht lernen kann, es sind angeborene Eigenschaften. Aber Gelassenheit kann man lernen.

Die Innenorientierung

Wenn wir in dieser Weise aktiv sind, finden wir unser inneres Gleichgewicht. Allerdings können wir es nur bewahren, indem wir den Schwerpunkt des Lebens in uns selbst verlagern und uns abkoppeln von der Unbeständigkeit der Welt. Kurz gesagt: Wir sollten unsere Innenorientierung entfalten.

Ursprünglich stammte der Begriff von David Riesman. In seinem Werk ‚Die einsame Masse' stellte er fest, typisch für die bürgerliche Gesellschaft sei früher der innengeleitete Mensch gewesen. Dieser habe über einen inneren Kreiselkompass mit universellen Werten verfügt. Das wird wunderbar in dem Buch von Stefan Zweig ‚Die Welt von gestern' veranschaulicht. Dort schwärmt er geradezu von der Gelassenheit der Männer mit dicken Bäuchen, die stolz auf ihre Lebensleistung sind und ihr Lebenstempo gefunden haben.

Nun meinte der römische Philosoph Seneca, die Gelassenheit setze Charakterstärke voraus. Dieser Einschätzung würde ich zustimmen, aber für uns klingen solche Aussagen sehr leicht überfordernd, weil sie uns mit einem anspruchsvollen Programm konfrontieren, das uns entmutigen kann. Wie ein erfahrener Bergführer sollte man daher vor allem auf die vielen kleinen Schritte hinweisen, die zum Gipfel führen.

Das Notfallprogramm

Wir verlieren unseren inneren Schwerpunkt vor allem, wenn wir in Panik geraten und uns nicht mehr spüren, weil wir keinen Ausweg mehr sehen. Wir sollten daher lernen, in solchen Situationen innerlich die ‚Reißleine' zu ziehen. Das war auch die Empfehlung von Michael Titze, als ich vor über 20 Jahren an einem seiner Workshops zum Thema Humor teilnahm.

Unvergessen ist sein Ratschlag an mich, ich solle auf schwierige Fragen immer mit kurzen Gegenfragen antworten, wenn ich in einer Rundfunksendung nicht mehr weiter wüsste und in Panik geraten würde. ‚Warum, wieso, weswegen' sollte ich dann fragen. Das habe ich einige Male beherzigt und die Sendungen wurden dadurch immer ungewöhnlich intensiv – mitunter auch ‚schräg'. Ich begriff, dass ich nicht perfekt sein muss, sondern eine ganze

Sendung zu einem Happening gestalten kann und überwand mein Lampenfieber.

Schwierige Mitmenschen

Letztlich müssen wir aktiv werden, denn wir sind für unsere Lebensstimmung selbst verantwortlich, aber wir müssen uns dann auch vor humorlosen Mitmenschen schützen. Denn immer sind wir beeinflussbar für die Stimmungen anderer Menschen. Deshalb sollten Sie sich nur mit humorvollen Menschen umgeben. Sobald meine Lebensstimmung sinkt, treffe ich mich sehr gern mit Menschen, die mich zum Lachen bringen. Sie sollten aber auch den Kontakt mit jenen meiden, die überwiegend klagen und sich bemitleiden. Das war die Einstellung des Psychoanalytikers Wladimir Lindenberg, der oftmals Freunde in sein kleines Landhaus einlud. Doch wenn er hinterher das Gefühl hatte, dass ein Gast seine Stimmungslage verschlechtert hatte, kam dieser nie mehr auf die Gästeliste.

Vorbilder

Vielleicht könnten jedoch humorvolle Gäste sogar ein gutes Vorbild für Sie sein. Und manchmal reicht es sogar aus, dass man von humorvollen Menschen hört. Das jedenfalls war die Erfahrung der bekannten Kammersängerin Anneliese Rothenberger, die sich früher sehr schnell über kleine Missgeschicke ärgerte.

Doch das habe sich im Laufe der Jahre geändert. Entscheidend hierfür war auch, dass man ihr von dem Schauspieler Albrecht Schoenhals erzählte, der zu einem Dinner eingeladen war. Die „ihn anhimmelnde Köchin ließ zum Entsetzen der Hausfrau die Bratensoße von der Platte auf Schoenhals's weißes Dinnerjacket laufen. Er drehte sich um zu ihr, und sagte mit dem freundlichsten Gesicht: ‚Und wo bleiben die Kartoffeln?"

Kammersängerin Anneliese Rothenberger

Sehr geehrter Herr Dr. Krüger,

besten Dank für Ihren freundlichen Brief vom 24. August mit Ihrer Anfrage für Ihr neues Buch.

Meine Antwort ist sehr kurz und garnicht originell, daher wohl auch nicht verwertbar; aber ich wollte Ihnen wenigstens sagen:

Ich bin früher leicht über kleine Mißgeschicke ärgerlich oder traurig geworden, aber das hat sich im Laufe der Jahre dadurch völlig geändert, daß ich zur Einsicht gekommen bin, daß alles im Leben nur eine Frage der Einstellung zu den Dingen ist. Wenn also etwas schiefgelaufen ist, wird es auch dadurch nicht geändert, daß man sich aufregt, sondern daß es für einen selbst und alle Anderen, die es evtl. betrifft, viel besser ist, man behält den Humor und macht das beste aus der Situation.
Entscheidend war für mich auch, was man mir von einem bekannten Schauspieler erzählte, der nicht nur Filme gedreht hat, sondern effektiv auch Arzt in Baden-Baden war, Albrecht Schoenhals. Er war zu einem großen Dinner eingeladen, und die ihn anhimmelnde Köchin ließ zum Entsetzen der Hausfrau die Bratensoße von der Platte auf Schoenhals's weißes Dinnerjacket laufen. Er drehte sich um zu ihr, und sagte mit dem freundlichsten Gesicht: "und wo bleiben die Kartoffeln?" 13

Was zum Beispiel hätte sich für ihn geändert, wenn er unfreundlich reagiert hätte?

Und diese Geschichte hat mir sehr geholfen, nie aus der Rolle zu fallen.

Natürlich gibt es auch Situationen, in denen Humor nicht am Platze ist, aber von denen werden Sie ja nicht reden, bzw. erwarten, daß man auch beim Schlimmsten noch heiter ist.

Ich wünsche Ihnen großen Erfolg für Ihr Buch und bleibe mit freundlichem Gruß

Ihre
Anneliese
Rothenberger

Zu meinen großen Vorbildern gehört Sigmund Freud, der bereits über achtzig Jahre alt war, als er nach England emigrieren musste. Um ein Ausreisevisum zu erhalten, sollte er der Gestapo bescheinigen, dass er mit der ihm gebührenden Achtung behandelt worden sei. Daraufhin soll Freud den Nazikommissar gefragt haben, ob er den Satz hinzufügen dürfe: „Ich kann die Gestapo jedermann aufs beste empfehlen."

Und als er endlich in London angekommen und im Garten des wunderbaren Hauses laufen konnte, warf er die Arme hoch und meinte: „Ich bin fast versucht, 'Heil Hitler' zu rufen!"

Anregung: Wer von Ihren Freunden und Bekannten ist humorvoll? Und wer spricht immer schwierige Themen an und erzählt von den unlösbaren Lebensproblemen, so dass Ihr Humor bei den Treffen sinkt?

Die Schule der Komik

Oft belasten uns die Lebensprobleme, die nur schwer zu lösen sind. Deshalb müssen wir etwas finden, das wichtiger ist als unsere Sorgen, um sie zu relativieren - meinte der Philosoph Spinoza. Indem Sie Sport treiben, aktiv Interessen nachgehen und sich mit humorvollen Freunden treffen, können Sie das seelische Gleichgewicht wiederfinden. Und dann spüren Sie immer wieder die Leichtigkeit des Lebens. Wie nach einer guten Physiotherapie wird Ihr Lebensblick freier, weil die seelische Wirbelblockade überwunden ist. Nun sind Sie wieder offen für die Lächerlichkeiten und Merkwürdigkeiten des Lebens. Doch damit Sie herzhaft lachen, fehlt noch der göttliche Funke des Humors. Und das Streichholz für das Entzünden des Humors ist die Komik.

Diese Komik können Sie immer im Alltag entdecken. Ob in der Arbeit, beim Einkaufen oder im Stau: Oft erleben wir Momente, in denen wir denken: ‚Das ist doch wie bei Loriot.' Oder man sucht eine versteckte Kamera, weil etwas so unendlich absurd wirkt. Fast überall ist diese Komik ein Teil unseres Lebens. Und sie versteckt sich am liebsten dort, wo wir uns zu Recht ärgern. Alle Komik bestehe darin, dass wir in einer lächerlichen und peinlichen Situation handeln müssten - meinte Charlie Chaplin. Und wenn wir diese Komik erkennen, können wir uns emotional aus dieser Situation befreien. Bei der genaueren Beschäftigung mit der Komik haben sich acht Kategorien herauskristallisiert, mit denen ich Sie nun vertraut machen möchte.

Komik I: Absurdität

Aristoteles war der Meinung, dass die Komik aufgrund einer Ungereimtheit, einer Unlogik entsteht. Gesteigert wird dies oft durch eine Absurdität. Tatsächlich ist oft das ganze Leben absurd. Da beeilen wir uns manchmal wie die Irren, um dann auf dem Bahnhof eine halbe Stunde auf den Zug zu warten, der Verspätung hat. Oder wir werben geschickt und ausdauernd um einen Partner, den wir dann aber unentwegt kränken, nachdem wir ihn geheiratet haben. Oft handeln wir absurd und unlogisch und verschwenden dabei viel Zeit und Energie. Daher wäre es für uns erstrebenswert, wenn wir mehr Logik in unser Leben bringen könnten.

Andererseits ist es für Kinder befreiend, wenn sie die Logik des Erwachsenenlebens aufheben, die sie als einengend empfinden. Deshalb lieben sie ‚Alice im Wunderland', wo alles möglich ist. Alle sind so herrlich verrückt und deshalb heißt es auch: „Man kann ruhig ein bisschen irre sein. Es muss nur Stil haben!" Ich liebe vor allem das verrückte Papagei-Lied:

O Papagei, o Papagei!
Wie grün sind deine Federn!...
Du grünst nicht nur zur Friedenszeit,
Auch wenn es Teller und Töpfe schneit.
O Papagei, o Papagei

Viele Kinder mögen vor allem die Sprachwitze. Ein typisches Beispiel: Rollt ein Keks die Treppe herunter und bricht sich einen Krümel.

Und nicht nur Kinder lieben die intelligente Sprachkomik:

- *Wenn ein Kreisarzt um die Ecke geht*
- *Ein Stehkragen muss sitzen*
- *Er ist ein eingefleischter Vegetarier*

Aber auch Erwachsene sind offen für diese Komik. Deshalb schätzen viele die paradoxen Aussagen von Woody Allen:

„Es stimmt, dass es ein Leben nach dem Tode gibt. Aber versuchen Sie erst einmal, einen Klempner am Wochenende aufzutreiben."

„Es ist unmöglich, unvoreingenommen seinen eigenen Tod zu erleben und ruhig weiter zu singen."

In Deutschland hat Helge Schneider einen großen Erfolg mit seinem absurden ‚Katzeklo'.

Einige Zeilen:

Katzenklo, Katzenklo macht die Katze froh.
Eine Katze will immerzu fressen,
Eine Katze will immerzu fressen.
Ich gebe ihr was, ich geb ihr was zu fressen und sie bezahlt nichts dafür.

Diese absurden Texte haben eine lange Tradition. Bereits während des Ersten Weltkriegs machten Dadaisten das Absurde zu ihrem Lebensfeld. Zu ihnen gehörte auch der Künstler Richard Huelsenbeck. In einer Zeit, in der die menschliche Logik versagte und das Absurde den Alltag bestimmte, schrieb er:

Auf den Telegraphenstangen sitzen die Kühe und spielen Schach.

So melancholisch singt der Kakadu unter den Röcken der spanischen Tänzerin…

Wie sehr die Absurdität ein Abbild unserer Welt ist, schrieb mir auch Dieter Hildebrandt. Er bekannte: „Ich bin auch nicht mehr bereit, über jeden verrutschten Popel zu lachen. Wohl aber noch immer über Werner Finck. (Dieser erinnerte sich W.K.): ‚Als ich 1945 aus dem Frankfurter Bahnhof trat, kein einziges ganzes Haus zu sehen war und ich laut ‚Taxi!' rief, befand ich mich vorübergehend in Lebensgefahr.' " Und auch in der heutigen Zeit erleben wir immer wieder absurde Situationen. Beispielsweise wurde die Wohnung eines Ehepaars von der Staatsicherheit der DDR jahrelang abgehört. Die junge Ehefrau litt sehr darunter, aber als sie nach der Wende die Stasi-Akte las, musste sie trotzdem laut lachen. Da stand nämlich auf einer Karteikarte unter der Rubrik Vorstrafen: 'Verheiratet mit xy...'

Manche Situationen sind so schräg, dass man sich so etwas nie ausdenken könnte. Das erfuhr ich, als ich vor 10 Jahren eine Partnerin suchte und - wie es heute üblich ist - im Internet surfte. Ich verabredete mich mit einer Frau und hatte mir ihre Telefonnummer im Kalender notiert. Leider starb in diesen Tagen auch meine kranke Mutter und ich musste mit dem Beerdigungsinstitut telefonieren. Gedankenverloren verwechselte ich die Telefonnummern

Dieter Hildebrandt

München den 25.8.93

Sehr Geehrter Herr Dr. Krüger,

Sie ahnen vermutlich , dass mich die Frage:" Wie haben Sie es in Ihrem wechselhaften Leben geschafft,Ihren Humor zu behalten?" nicht zum ersten Mal trifft.Hie und da ist sie anders formuliert,sagen wir mal humorloser und könnte auch lauten: "Sag mal Alter,findest Du das immer noch komisch ,was Du da so ablässt?" aber so nehme ich Ihre Frage nicht auf ,denn Sie sind ja Psychotherapeut und wissen , dass ein Berufshumorverbreiter seinen Humor nicht behält . Je älter er wird , um so weniger müsste er davon xxxx haben.Es sei denn ,er ist geizig. Karl Valentin hat seinen Humor hergegeben und ist völlig humorlos gestorben. Werner Finck hat in seinen schweren letzten Jahren nicht einmal einen kleinen Rest von Humor übrig gehabt.Darum verschreckt es mich nicht ,wenn ich spüre,dass von einem Überfluss an Humor nicht mehr die Rede sein kann. Ich bin auch nicht mehr bereit über jeden verrutschten Popel zu lachen .Wohl aber noch immer über Werner Finck "Als ich 1945 aus dem Frankfurter Bahnhof trat, kein einziges ganzes Haus zu sehen war und ich laut 'Taxi!' rief, befand ich mich vorübergehend in Lebensgefahr.) Ja , ich gebe zu , ich stelle Ansprüche ,aber das liegt daran , dass ich eine trotzige Natur bin.

Es tut mir leid , Ihnen nichts Besonderes mitteilen zu können , aber Sie haben ja immer noch die Möglichkeit , es wegzulassen.
Mit freundlichen Grüssen

Dieter Hildebrandt

und teilte nun der potentiellen Partnerin mit, ich wolle mit ihr über meine verstorbene Mutter reden. Ich war erstaunt, dass sie den Hörer auflegte und wunderte mich noch mehr, als sie schreiend weglief, nachdem sie abends am verabredeten Ort meine Stimme erkannte. Sie wusste, dass ich Psychotherapeut bin und wahrscheinlich ging sie davon aus, ich sei ziemlich gestört. Jedenfalls stand ich in der Nähe des Kurfürstendamms und musste unaufhörlich lachen.

Und lachen musste ich auch, als mich vor einem Jahr eine kaum bekleidete hübsche Dame begrüßte. Eigentlich wollte ich einen Vortrag zum Thema Treue halten. Aber ich verirrte mich in der unbekannten Stadt und ging in meiner Ratlosigkeit in das nächste Restaurant – das sich dann aber als Bordell herausstellte.

Anregung: Was in Ihrem Leben ist völlig absurd, weil es nicht zusammenpasst und keinen Sinn ergibt? Kennen Sie solche völlig absurden Ereignisse, die so wunderbar ‚schräg' sind?

Komik II: Die enttäuschten Erwartungen

Erinnern Sie sich an Situationen, in denen Sie viel erwartet haben und dann passiert – nichts? Oder fast nichts! Das ist oft wie in einem Zeichentrickfilm: Ein Frosch nimmt Anlauf und rennt und rennt und rennt und springt dann ab – und landet nach wenigen Zentimetern im Gras. Dies hat schon Kant als die Basis der Komik angesehen. Denn diese ergab sich für ihn „aus der plötzlichen Verwandlung einer gespannten Erwartung in nichts." Wir lachen also durch eine enttäuschte Erwartung.

Solche Situationen gibt es manchmal jeden Tag – vor allem bei der Suche nach der großen Liebe. Beispielsweise sind Sie mit einem jungen Mann verabredet, Sie freuen sich auf das Gespräch, Ihre phantasievollen Erwartungen eilen weit voraus. Sie denken schon an den ersten Kuss, an das gemeinsame Frühstück. Der Sekt steht kalt, die Betten sind frisch bezogen. Doch als Sie ihn treffen, erzählt er Ihnen, dass er jeden zweiten Tag mit seiner Mutter telefoniert. Ihre Phantasien zerplatzen wie eine Seifenblase.

Wie schräg die Partnerschaftssuche sein kann, erlebte ich selbst vor langer Zeit. Ich war mit einer Frau verabredet, mit der ich vorher nur gemailt hatte. Sie schrieb sehr einfühlsam, sehr interessant und entsprechend groß war meine Vorfreude. Aber als sie kam, konnte ich mich kaum auf das Gespräch konzentrieren, denn sie sächselte, ihre Haare waren von grünen Strähnen durchzogen und anstelle eines zustimmenden ‚Ja' sagte sie mir ständig fröhlich ‚Nuu?'. Mein Bedürfnis nach Komik wurde sehr übertroffen, zudem erinnerte mich das Sächseln sehr an die früheren DDR-Grenzkontrollen und es kam zu keinem weiteren Treffen.

Vor allem Witze über die Liebe und Erotik haben meist das ‚Strickmuster' der enttäuschten Erwartung. Der folgende Witz ist dafür ein gutes Beispiel:

Herr Müller kommt ein wenig früher als sonst nach Hause. Auf dem Flur der Wohnung laufen ihm seine Kinder entgegen. „Vati, Vati", rufen sie aufgeregt: „Im Schlafzimmer ist ein Gespenst." „Also Kinder, Gespenster gibt es nicht", versucht Müller seine Kinder zu beruhigen. Aber das gelingt ihm kaum, denn immer heftiger warnen sie ihn: „Drinnen ist ein Gespenst, drinnen ist ein Gespenst!" Schließlich öffnet er die Tür und im Ehebett liegt neben seiner Frau völlig nackt sein bester Freund. Müller ist erschüttert und stammelt: „Ich, ich verstehe Dich nicht. Ich habe Dir immer geholfen, Du durftest in der Schule bei mir abschreiben, ich habe Dir immer vorgesagt und ich habe Dich später vor dem Konkurs gerettet. Und was machst Du? Du erschreckst meine Kinder!"

Es gibt Whisky?

Wir lachen über solche Witze, weil uns hier die Reaktion auf die Untreue wie eine nicht erwartete und damit komische Wendung erscheint. So lachen wir über etwas, was uns sonst massiv kränken oder ärgern würde. Auch folgender Witz über das Versiegen der Sexualität mag dies verdeutlichen:

Ein Seemann kann sich nach dem Untergang seines Schiffes auf eine einsame Insel retten. Er lebt nun schon seit zwei Jahren in seiner selbstgezimmerten Hütte und ernährt sich von Fischen, Schildkröten und Kokosnüssen. Da kommt er eines Tages auf die Idee, erneut die Insel zu erforschen. Er hofft, doch noch andere Menschen zu finden. Und tatsächlich trifft er auf eine junge, hübsche Frau mit vollendeten For-

men, die es auch auf die Insel verschlagen hat. Sie ist wunderschön und lädt ihn zum Abendessen ein. Der Seemann zieht sich sein letztes Hemd an, das nicht völlig zerrissen ist, schabt sich mit einer scharfkantigen Muschel die Bartstoppeln aus dem Gesicht und wandert zu der windschiefen Hütte. Dort bittet ihn die Schöne, sich in die Hängematte zu legen und verwöhnt ihn mit einer leckeren Fischsuppe. Schließlich geht die Sonne unter, sie beugt sich über ihn, lockert ihr Hüfttuch und kündigt ihm mit einer betörenden Stimme an: „Und nun Seemann, wirst Du etwas bekommen, das Du schon lange entbehrt hast." „Oh", fragt er: „Es gibt Whisky?"

Die hochgesteckten Erwartungen

Den häufigsten Absturz zwischen Erwartungen und Realität gibt es allerdings im Bereich Anerkennung. Wir alle wollen in unserer Bedeutung gespiegelt werden und sind gekränkt, wenn man uns nicht genügend wahrnimmt. Deshalb war auch ich irritiert, weil meine hochgesteckten Erwartungen nach einem Buchprojekt nicht im Geringsten erfüllt wurden. Zusammen mit meiner Ziehtochter hatte ich vor einem Jahr ein Buch über das ‚Über-Leben in der Patchworkfamilie' geschrieben. Ein Artikel in der FAZ erschien und zahlreiche andere folgten und ich überlegte bereits, wie ich die hohen Einnahmen versteuern könnte. Ich erwartete eine Flut von Bestellungen und nach einer Woche erhielt ich die Abrechnung: 30 Exemplare waren verkauft worden. Die Differenz zwischen meiner Erwartung und der Realität war so ungeheuerlich groß, dass ich sie nur mit einem heftigen Gelächter ausfüllen konnte.

Anregung: Kennen Sie selbst Situationen, in denen wie bei der Neunten von Beethoven alles auf ein großes Finale hinausläuft – und es passiert nichts? Dann müssen Sie natürlich bereit sein, die Komik solcher Situationen zu empfinden. Können Sie dann lachen oder sind Sie nur gekränkt, weil sich all Ihre Hoffnungen und Erwartungen als Luftnummer erwiesen haben?

Komik III: Der Absturz ins Lächerliche

Die Klassiker der Komik sind allerdings die erhabenen Situationen, die durch ein banales Ereignis unterbrochen werden. Ein Beispiel: Vor einiger Zeit hörte ich einen etwas pathetischen Vortrag, in dem die höchsten Werte des Lebens angepriesen wurden – als einige Reihen vor mir ein Zuhörer offensichtlich unter Blähungen litt. Man hörte es zwar nur leise, aber dafür roch man es umso besser. Alle um ihn herum kicherten oder schmunzelten. Diese Komik erklärte Jean Paul aus dem Gegensatz zwischen dem Lächerlichen und dem Erhabenen.

Ebenso komisch war eine Situation, die ich vor vielen Jahren bei einem Vortrag von Wladimir Lindenberg erlebte. Er saß schon im Rollstuhl und war fast blind, als er über die Schönheit des Lichts referierte. Wir waren verzückt und berauscht über seine unglaublichen Ausflüge in die Höhen des Lichts. Seitdem beschäftigt mich die Frage: Hatte es nicht auch eine leise, sympathische Komik, dass er etwas bewunderte und uns nahebrachte, was er nur noch innerlich empfand? Doch wirklich komisch war, dass immer dann ein Hund bellte, wenn er innehielt und fast fragend in die Menge lauschte. Alles lachte, weil man schließlich schon auf das Gekläff wartete und besonders laut wurde gelacht, als das Kläffen am Ende des Vortrages ausblieb.

Die Komik in solchen Situationen ergibt sich immer aus der Differenz zwischen den hohen Werten und erhabenen Worten und dem banalen Geschehen, das die Würde des Augenblicks durchkreuzt. Besonders erhaben sind oft religiöse Veranstaltungen, die mitunter von einer unfreiwilligen Komik geprägt sind. Davon berichtet Wolf Biermann in seiner Autobiographie. Durch seinen jüdischen Vater war er nach den Nürnberger Rassegesetzen ein Mischling ersten Grades. Wohlmeinende Genossen hatten deshalb seiner Mutter geraten, ihn taufen zu lassen. So wäre er dann kein Halbjude mehr, sondern ein Halbarier. Am 30. Juli 1939 fand die Taufe statt und der Pfarrer ahnte wohl, dass sie dem Schutz des Täuflings diente.

Es war eine verrückte Situation, ein herzzerreißend komisches Kapitel vom Überleben einer kommunistischen Familie in der Nazizeit. Der kleine Wolf zog sein vertrautes Leiterwägelchen hinter sich her. Seine Oma sang laut bei den Kirchenliedern mit, wobei sie so unbekümmert daneben sang, dass seine Mutter sie in die Seite knuffte und zischte: „Du singst falsch.“ Doch diese Kritik hatte eine fatale Wirkung. Oma Meume war aus dem „beseelten Mitsingen rausgerissen und lachte sich zitternd ihre Angst aus dem Hals…“ Zwar wollte sie die Zeremonie nicht stören, doch unaufhörlich stieg ihre Anspannung, da sie befürchtete, der Pastor würde die Taufe aus Mangel an Respekt abbrechen. Aber ihr Kampf gegen den übermächtigen Lachreiz war nicht zu gewinnen und plötzlich konnte sie ihr Wasser nicht mehr halten. Ein Rinnsal pieselte ihr vom Fuß auf den kalten Steinboden und bewegte sich schleichend, unaufhaltsam auf das nahe Taufbecken zu. Angesichts ihrer Lebensängste verdeutlichte das Rinnsal die Lächerlichkeit der würdevollen Zeremonie. [14]

Anregung: Erinnern Sie sich an Situationen, in denen der Absturz vom Erhabenen zum Banalen stattfand? Erinnern Sie sich an Reden, in denen Sie salbungs- und würdevoll erzählen wollten und plötzlich sprachen Sie einen Namen falsch aus? Oder der Bräutigam war bei der Hochzeitsfeier so angespannt und zugleich geistig abwesend, dass er vergaß, mit JA zu antworten. Und das Kleid der Braut war dermaßen eng, dass plötzlich ein Riss die Aufmerksamkeit der Gäste fesselte.

Komik IV: Die Tücke des Objekts

Sicher kennen Sie den Silvesterfilm ‚Dinner for one'. Der Butler James springt angetrunken über den Kopf eines Tigerfells, über den er vorher elfmal gestolpert ist. Dies Phänomen bezeichnete Friedrich Theodor Vischer als die ‚Tücke des Objekts'. Da reißt uns morgens der Schnürsenkel, im Reifen des Fahrrads ist keine Luft mehr, der Akku im Handy ist leer und dann hat auch noch ein Virus unseren Computer lahmgelegt. Solange wir dies im Kino erleben, kann es ungemein komisch sein. Doch wenn es uns selbst passiert, ärgern wir uns fast immer. Oft handelt es sich hier um das Murphy-Gesetz. Es besagt, dass immer alles schiefgeht, was schiefgehen kann.

Anregung: Versuchen Sie, sich an ähnliche Situationen zu erinnern. Ein Bett, das im wilden Sex zusammenbricht oder die Brille, die Sie auf den Kopf geschoben haben und stundenlang suchen - das sind die Tücken des Objekts. Oder es ist der platzende Gartenschlauch und Sie stehen völlig durchnässt vor Ihrem Reihenhaus und ärgern sich, weil Sie längst in der Opernloge sitzen wollten.

Komik V: Wenn wir Maschinen ähneln

Menschen wirken komisch, wenn sie Maschinen ähneln. Denn wir lachen, falls das Mechanische an die Stelle des Lebendigen tritt - meinte Henri Bergson. Kinder bedienen sich gern dieser Komik, indem sie Bewegungen langsam und eckig ausführen, als wären sie kleine Roboter oder aufziehbare Puppen. Wir lachen dann über ihre merkwürdige Steifheit. Was uns erheitert, ist die automatenhafte Mechanik, die im krassen Gegensatz zum normalen Verhalten von Kindern steht.

Sie kennen sicher den Chaplin-Film ‚Moderne Zeiten'? Charlie arbeitet wie ein Automat am Fließband und wird daher für den Test einer neu entwickelten Maschine ausgewählt, die ihn füttern soll, um Pausenzeiten einzusparen. Allerdings versagt die Maschine komplett und Charlie ist ihr völlig ausgeliefert. Daraufhin verwandelt sich Charlie selbst zum Automaten und arbeitet immer schneller. Er ist dermaßen besessen von seiner Aufgabe, dass er mit zwei Schraubenschlüsseln die Chefsekretärin verfolgt, weil er die großen Knöpfe auf ihrem Kostüm für Schrauben hält, die er festdrehen muss. Schließlich kommt er ins Irrenhaus.

Doch auch im Alltag von uns allen gibt es viele Situationen, die an Komik grenzen, weil wir wie Automaten handeln. In unseren Handlungsmustern sind wir meist eingeschränkt. Wir geben immer nach, wenn es Streit gibt oder widersprechen, sobald der andere eine Meinung äußert. Insofern ist auch unser Leben von einer gewissen Mechanik geprägt, die sich sogar in der Sexualität auswirkt, wenn diese nach vielen Ehejahren immer dem gleichen Muster folgt. Das kann uns langweilen oder ärgern, aber wir können auch lachen, wenn wir erkennen: Das musste ja jetzt so kommen!

Anregung: Müssen Sie manchmal auch lachen, wenn Ihr Partner nach vielen Ehejahren völlig berechenbar ist? Egal was Sie erzählen – er wird immer den gleichen Spruch auf Lager haben. „Darüber muss ich nachdenken" oder „Man muss beide Seiten sehen" oder „Das verstehe ich jetzt nicht." Können Sie darüber lachen, wenn Sie gut gelaunt sind?

Komik VI: Die Überwindung von Hemmungen

Komik entsteht vor allem, wenn wir Hemmungen aufheben. Deshalb sind alle Tabuüberschreitungen komisch, insbesondere, wenn sie mit der Sexualität zu tun haben. Daher lachen Jugendliche unentwegt über Anspielungen der Sexualität. Eine Lehrerin berichtete, ihre Klasse von Pubertierenden habe vor Lachen gebrüllt, als sie ihnen mahnend sagte, sie hätten von Tuten und Blasen keine Ahnung. Sie unterrichtete Mathematik.

Anregung: Was würden Sie gern tun, wenn Sie einen Tag lang völlig hemmungslos wären, wenn Ihnen die Reaktion der Mitmenschen völlig egal wäre? Machen Sie bitte eine Gedankenreise, in der Sie sich verschiedene Situationen vorstellen.

Komik VII: Die Wiederholung

Als komisch empfinden wir, wenn Situationen so oft wiederholt werden, dass sich ein Running Gag ergibt. Sie kennen sicher Vorträge, bei denen sich der Redner immer dann räuspert oder die Brille abnimmt, wenn er etwas besonders Wichtiges sagen will. Nach dem dritten Mal warten Sie bereits auf das Räuspern und der ganze Saal beginnt zu kichern.

Komik VIII: Maskenhaft leben oder übertreiben

Komisch ist für uns aber auch, wenn sich die betreffende Person in ihrem Ausdrucksverhalten völlig zurücknimmt. Obwohl sie von Liebe, Eifersucht, Wut oder Verzweiflung spricht, verzieht sie keine Miene und wirkt fassadenhaft. Das wird auch als Deadpan-Phänomen bezeichnet, das vor allem Buster Keaton meisterhaft beherrschte, so dass das Publikum vor Lachen brüllte. Dies ist insbesondere ein Kennzeichen vom britischen Humor, der mit Understatement arbeitet. Und in der deutschen Humorkultur wurde Heinz Erhardt berühmt durch seine Maske des Harmlosen.

Doch Komik funktioniert auch, wenn wir das Alltagsgeschehen übertreiben. Vor allem die Verliebtheit enthält dann immer eine unfreiwillige Komik. In der Sprachwissenschaft bezeichnet man das Stilmittel der Übertreibung als Hyperbel.

Humor und Intelligenz

Diese Muster der Komik zeigen, dass wir einen Sinn für das Schräge, Unangepasste, Merkwürdige entwickeln sollten. Dann können wir die Komik entdecken, wenn uns das Leben bedrängt, ärgert und einengt. Das gelingt uns am leichtesten, wenn wir einen Schritt zurücktreten und das Leben so sehen, als wären wir Zuschauer in einem Film. Als wäre das Leben ein Drehbuch, das ein anderer geschrieben hat. Dann werden Sie sehen, wie sich immer wieder die acht Prinzipien der Komik durchsetzen. Aber um sie zu realisieren, müssen Sie Ihre Gefühle von Angst, Ärger und Selbstmitleid überwinden und Ihr Leben auch mit dem Verstand betrachten. Erst dann können Sie die komischen Lebensmuster erkennen und vieles verlachen, was Sie vorher ängstigte.

Zwar betrachten wir den Humor meist als eine emotionale Fähigkeit, aber er hat auch viel mit geistiger Beweglichkeit und Intelligenz zu tun. Das stellte auch Daniel Howrigan von der Universität von Colorado im Jahre 2008 fest. Denn seine Forschungen zeigten: Wer in den Intelligenztests besser abschnitt, war auch überdurchschnitt humorvoll.

Offenbar hängen Humor und Intelligenz zusammen. Wir lachen zwar aus dem Bauch heraus, aber entscheidend für den Humor ist die geistige Beweglichkeit. Humor ist immer geistige Akrobatik. Das betont auch Michael Titze, Gründer von HumorCare. Er ist überzeugt, dass der Sinn für Komik und Humor auf einem gedanklichen Dreh beruht, indem wir eingeschliffene Beziehungsmuster und Versagensängste überwinden. Humor ist immer ein seelisch-geistiger Salto und setzt eine innere Wandlungsfähigkeit voraus. Daher verfügen Menschen über diese wunderbare Eigenschaft, wenn sie geistige Grenzgänger sind, wenn sie über Intelligenz und einen weiten Erfahrungshorizont verfügen. Sie sind humorvoll, weil sie es gelernt haben, ein Problem aus unterschiedlichen Perspektiven zu sehen.

Anregung: Erweitern Sie Ihren Horizont, indem Sie beispielsweise eine Fremdsprache erlernen. Gehen Sie in eine Gemäldegalerie, erkunden Sie fremde Länder. Versuchen Sie, die gewohnte Perspektive zu ändern und damit Ihre Humorfähigkeit zu verbessern. Tauschen Sie einmal in Diskussionen Ihre Rolle mit der des Gegenübers, indem Sie seine Argumente übernehmen.

Komik gibt es in jedem Lebensalter

Allerdings verfügt jedes Lebensalter über seine eigene Komik und einen spezifischen Humor. Als Kinder fanden wir es komisch, uns zu verkleiden und konnten stundenlang darüber lachen, unsere Geheimsprache anzuwenden, bei der beispielsweise das e und i ausgetauscht wurden. Das hieß dann: Jitzt nihmi ech Dech gifangin.

Ich entsinne mich auch, dass uns in der Grundschule der mexikanische Berg Popocatepetl und der peruanische Titicacasee sehr zum Lachen reizten. Überhaupt finden Kinder alles zum 'Piepen', was mit dem Stuhlgang zu tun hat. Das wusste auch der junge Gert Fröbe, der anlässlich einer goldenen Hochzeit sein Kasperletheater aufgebaut hatte. Der kleine Fröbe versprach der Großfamilie, er werde ein Drama vorspielen. Allerdings reichten seine Kasperlefiguren dazu nicht aus. Also zeigte er auf seine Großmutterpuppe und erklärte, sie sei jetzt eine Kuh. Durch erste Lacher beflügelt, präsentierte er das Krokodil mit dem Hinweis, dies sei ein Schwein. Das Lachen veranlasste ihn, jetzt das Gedicht des Abends vorzutragen:

Auf der Alm da steht 'ne Kuh
die macht ihr A-loch auf und zu.
Hinter der Kuh steht ein Schwein,
guckt der Kuh ins A-loch nein.

Die Darbietung wurde durch ein Riesengelächter beendet, doch der Vater war außer sich vor Wut. Fröbe konnte sich nur noch mit den Worten verteidigen, er habe doch nur A-loch gesagt. Er war sehr stolz auf seine elegante Umschreibung und ihm war klar, dass er später zum Zirkus gehen würde. [15]

Die gefürchtete Tanzschule

In der Pubertät ist vor allem die Annäherung an das andere Geschlecht angstbesetzt und birgt daher großes Potential für die Komik. Das erlebte ich selbst, als ich mit 15 Jahren zur Tanzschule ging. Die Tatsache, dass ich schon damals sehr, sehr große Füße hatte, war bereits tragisch-komisch genug. Vor allem, wenn ich an dem großen Wandspiegel vorbeitanzte (noch heute hasse ich solche Spiegel), verkrampften sich meine Beine und ich trat mit ziemlicher Sicherheit auf die frisch geputzten Schuhe meiner Partnerin. Ich fühlte mich sehr verstanden, als ich die 'Memoiren eines mittelmäßigen Schülers' von Alexander Spoerl las, in denen er von seinen Tanzstundenerlebnissen berichtet: „Wir sollten lange Schritte machen, und ich machte lange Schritte, rutschte dabei entweder nach hinten aus, oder gelangte nach vorn in fremde Beine hinein. Und aus lauter Angst, im Takt zu spät zu kommen, eilte ich immer schon etwas voraus. Dann war ich wieder zu früh, ich bremste ab und kam das nächste Mal wieder zu spät und riss meine ahnungslose Partnerin jäh in die Kurve… Mir wurde warm dabei, doch meine Partnerin wurde immer kühler.“ [16]

Doch noch komischer war damals der Gegensatz zwischen meinen Phantasien und meinen von Hemmungen geprägten Handlungen. Ich entsinne mich noch sehr gut daran, dass nach dem letzten Tanzabend der Mond schien, als ich meine Tanzpartnerin nach Hause brachte. Zu gern hätte ich sie geküsst, doch stattdessen redete ich mit ihr darüber, wie wichtig es sei, eine Fremdsprache zu lernen, wenn man Karriere machen wolle. Wir konnten uns nicht voneinander lösen und so unterhielten wir uns auch noch darüber, wie man am besten Fisch isst. Nachdem dies geklärt war, verabschiedete ich mich und ging nach Hause.

Die eigene Lächerlichkeit

Damals war ich immer überzeugt, ich sei der einzige Mensch, der sich so merkwürdig benimmt. Von meinen männlichen Freunden hörte ich meist Erfolgsmeldungen. Wie lächerlich wir uns alle mitunter verhielten, wurde eher verschwiegen. Doch glücklicherweise erfuhr ich später, dass es dem Dichter Joachim Ringelnatz ähnlich ging. Sein Vater hatte seine Sammlung mit Ansichtskarten beschlagnahmt, auf denen halbnackte Mädchen zu sehen waren. Und dieser entfernte auch ein Buch mit dem Titel 'Der Frauenhandel von Wisconsin'. Die Aussichten von Ringelnatz in punkto Liebe seien daher hoffnungslos gewesen, bis ihm seine Eltern ein Jahresabonnement für den Zoo schenkten. Dort interessierte ihn besonders eine Völkerschau mit drei Samoanern und dreiundzwanzig Samoanerinnen.

Die Frauen waren nur mit einem hemdartigen Gewand bekleidet und der junge Ringelnatz konnte sich nicht an den bronzefarbenen, dunkelhaarigen ‚Weibern' sattsehen. Leider reichte sein Taschengeld für Geschenke nicht aus und so entwendete er nach und nach den gesamten Christbaumschmuck. Alle Insulanerinnen trugen schließlich Glaskugeln sowie Wachsengel und Ketten im Haar. Sie dankten es ihm, indem sie ihn anlächelten. Eine von ihnen erfüllte ihm sogar den Wunsch, ihm in der großen Unterrichtspause ein 'H' auf den Unterarm zu tätowieren. Dies sei das Ende seiner Schulzeit gewesen. [17]

… ist kein Weib unerreichbar

In der Pubertät empfindet man so etwas nicht als komisch, denn man ist unsicher und will doch schon als erfahren gelten. Davon berichtet auch Carl Zuckmayer, der auf dem Jahrmarkt eine sehr attraktive Offizierstochter traf, die sich langweilte und mit ihm Berg- und Talbahn fahren wollte. Er triumphierte und würdigte seine neidvoll und höhnisch grinsenden Freunde keines Blickes. Doch leider war er außerordentlich schüchtern. Zwar war er ein galanter Kavalier und nahm die Dame verwegen in den Arm - sobald sich der Wagen im Hellen bewegte. Doch im Dunkeln saß er steif da und wagte nicht, sich zu rühren - bis sie ihn in der letzten Runde an sich zog, um ihn die Hügel unter ihrer straffen Bluse fühlen zu lassen. Die sarkastischen und anzüglichen Fragen der Freude quittierte er mit einem diskreten Lächeln. Erst zuhause schrieb er in sein Tagebuch: „Einem Mann zwischen dreizehn und dreißig ist kein Weib unerreichbar." [18]

Allerdings erkennt man die unfreiwillige Komik solcher Situationen erst später, denn wenn man noch jung und unerfahren ist, wird man meist den nötigen Abstand zu den verunsichernden Situationen nicht herstellen können. Das war auch die Erkenntnis der berühmten Friedenskämpferin Bertha von

Suttner. Sie war in ihrer Jugend in den gleichen Mann verliebt wie eine Freundin und erinnerte sich nach Jahrzehnten: „Das Humoristische an der ganzen Sache ist mir viel später erst bewusst geworden.“ [19]

Die Melancholie der Verliebtheit

Glücklicherweise überstehen wir aber doch die Zeiten der Unsicherheit, sammeln erste Erfahrungen und erleben die Zerbrechlichkeit der Liebe. Melancholisch bemitleiden wir uns selbst, hören traurig klingende Musik und träumen fast unbeirrt von der großen Liebe. Aber noch mit 40 Jahren erlebte ich, wie kränkend und komisch mitunter die Situationen von Leidenschaft und Liebe sein können. Ich fuhr mit der S-Bahn zu einer Bibliothek. Während ich stand, saß auf der Bank vor mir eine wunderhübsche junge Frau. Es war Sommer, der Einblick in ihre zarte Bluse löste bei mir sinnliche Phantasien aus und ich bereute, nicht etwas jünger zu sein. Jählings wurde ich dann jedoch aus meinen Träumen gerissen, als mich das Objekt meiner Sehnsüchte fragte: „Darf ich Ihnen meinen Platz anbieten?“ Mist - dachte ich - das ist ein Missverständnis. Der Tag war gelaufen.

So alt wie Ihre Großmutter

Ich wurde älter und als ich 57 Jahre alt war, nahm ich an einer beliebten Radtour teil. Ein junges Mädchen sprach mich an und fragte mich nach meinem Vornamen und meinem Alter. Meine Gegenfrage war, wie alt sie mich schätzen würde. „Sie sind 57 Jahre alt.“ - kam die prompte Antwort. Als ich mich überrascht erkundigte, wie sie das so genau schätzen könne, antwortete sie: „Sie sind genauso alt wie meine Großmutter, nur noch drei Jahre älter.“ Alle Umstehenden fanden das komisch.

Seniorenresidenz Sorgenfrei

Die größte Komik meines Lebens ergibt sich für mich inzwischen aus der gefühlten Selbsteinschätzung meines Alters und der Reaktion meiner Umwelt. Kürzlich kam ich von einer langen Radtour zurück und fühlte mich sehr jugendlich. Als ich meinen Briefkasten leerte, fand ich drei Briefe vor, in dem mir der Aufenthalt in einer Seniorenresidenz angeboten und – für meine zu erwartende Blasenschwäche – wasserdichte Slip-Einlagen angepriesen wurden. Und ich erhielt ein Sonderangebot für potenzsteigernde Pillen („Ihre Frau wird zufrieden sein!"). Glücklicherweise steigt gleichzeitig auch die Fähigkeit des Humors im Alter. Das ist jedenfalls die Meinung von Erwin Wexberg. Mit zunehmender Lebensreife würde der Humor zunehmen, er sei die Fähigkeit des vorgerückten Alters.

Anregung: Sind Sie im Leben eher humorvoller geworden oder hat Ihr Humor abgenommen? Immerhin 54% der Befragten meinten, ihr Humor sei im Laufe des Lebens gestiegen.

Humor ist die Lunge des Geistes.
Peter Rudl

Der große Humor

Wenn wir unser inneres Gleichgewicht finden und die Komik des Alltags erkennen, können wir entspannt die meisten Belastungssituationen weglachen und gute Lebenslösungen finden. Das ist die phantastische Wirkung des mittleren Humors, den ich bisher beschrieben habe. Er besteht darin, dass wir eine andere Einstellung gegenüber den normalen Schwierigkeiten des Lebens gewinnen. Nun können wir zwar das Konzept des mittleren Humors in einer vergleichsweise kurzen Zeit umsetzen, aber in schweren Belastungssituationen sind wir auf einen großen Humor angewiesen. Bei anhaltenden Erkrankungen, einer Trennung oder massiven seelischen Problemen hilft uns nur der große Humor, dem eine noch intensivere Kraft innewohnt. Und diese Kraft beruht im Wesentlichen auf einer verlässlichen Ich-Stärke, die man auch als seelische Muskeln beschreiben kann. Diese Muskeln bilden Kinder aus, die eine gute seelische Unterstützung in Form einer stabilen sozialen Umgebung erfahren haben. Unsere innere Stabilität ist daher zunächst das Ergebnis jener Zuwendung, die wir in der Kindheit bekamen. Das müssen nicht die leiblichen Eltern sein, aber zumindest müssen Großeltern, vielleicht auch ältere Geschwister, Lehrer, eine Tante, ein Onkel die Erfahrung einer engen, zuverlässigen Bindung vermitteln.

Unsere kleinen Defizite

Nun werden Sie sich fragen, wie zuverlässig bei Ihnen die Zuwendung in Ihrer Kindheit war. Möglicherweise werden Sie sich auch an massive Enttäuschungen und Kränkungen erinnern. Ihr Charakter ist deshalb von kleineren und größeren Defiziten in Form von Unsicherheiten und Ängsten geprägt. Aber Sie haben wahrscheinlich mindestens **eine** stabile Beziehung erlebt. Diese ist wichtig für unseren Humor, der sich nur entwickeln kann, wenn es wenigstens einen Menschen gab, der an uns glaubte, der uns Lebensmut und Lebenswerte vermittelte.

Doch dies ist nur die Grundlage, denn die Zuwendung naher Personen allein reicht nicht aus. Meine Studien ergaben: Es gibt viele Menschen, die in halbwegs guten Familienverhältnissen aufwuchsen und trotzdem wenig humorvoll sind. Andere Menschen können einen ausgeprägten Humor besitzen, obgleich sie in der Kindheit viele Konflikte und Krisen verarbeiten mussten. Entscheidend ist offenbar, ob es Kinder lernen, Schwierigkeiten zu überwinden, ob man ihnen etwas zumutet und zutraut. Dann entsteht die selbstbewusste Überzeugung, dass die eigenen Kräfte ausreichen, um Probleme zu lösen. Manche durchaus liebevollen und behütenden Eltern mag es überraschen: Es ist problematisch, wenn man Kindern alle Schwierigkeiten aus dem Weg räumt. Daraus resultiert oft eine unheilvolle Mischung von Verwöhnung und zugleich einer zu großen Erwartung an die Kinder, die sich später lähmend auswirkt.

Arbeiten wie Brauereipferde

Wir alle kennen diese ‚genialen' Kinder, die in der Grundschule gute Noten erreichen, ohne sich dafür anstrengen zu müssen. Erfolgsgewöhnt rächt sich diese Haltung im Gymnasium, weil sie dann abstürzen und resignativ-gekränkt sind. Deshalb haben es jene Kinder besser, die sich ihre Erfolge erarbeiten mussten. Diese bezeichne ich als die ‚Brauereipferde', die beständig und fleißig ihren Weg gehen, ohne dass sie zu sehr von unmittelbaren Erfolgen abhängig sind.

Wer frühzeitig arbeiten musste

Diese Erfahrung bestätigen die amerikanischen Psychologen Jeremy Staff und Jeylan Mortimer, welche die Entwicklung von Jugendlichen in Minnesota untersuchten. Sie interessierten sich vor allem für jene Schüler, die frühzeitig arbeiten mussten und stellten fest, dass diese häufig erschöpft und weniger selbstbewusst waren als ihre wohlbehüteten Klassenkameraden. Doch zehn Jahre später zeigte sich, dass genau diese aktive Lebenshaltung eine Quelle der Resilienz war. Als Resilienz bezeichnen wir die seelische Widerstandsfähigkeit. Der Begriff kann auf das lateinische ‚resilire' zurückgeführt werden, was so viel wie zurückspringen und abprallen bedeutet.

Das Konzept der Resilienz

Unser heutiges Konzept der Resilienz entwickelte sich aufgrund einer Langzeitstudie von Emmy Werner. Sie begleitete über 40 Jahre hinweg das Leben von 700 Hawaiianern und erforschte vor allem, wie sie die von Armut und Gewalt geprägten Lebensumstände verarbeiteten. Dabei war sie sehr überrascht, dass es 72 Jugendlichen gelang, trotz schwieriger Familienverhältnisse ein zufriedenstellendes Leben zu führen. Sie waren gut in der Schule, fanden eine Arbeit und waren später auch nicht auf staatliche Unterstützung angewiesen. Emmy Werner folgerte aus dieser Untersuchung, dass es offenbar ein Immunsystem der Seele gibt, das ich gerne als Steh-Auf-Männchen-Kompetenz bezeichne.

Die tausend Versuche

Ähnlich wie bei einem Lauftraining können vor allem mittlere, andauernde Belastungen unsere seelische oder psychische Ausdauer stärken und uns von äußeren Erfolgen unabhängig machen. Dann entsteht eine aktive Geduld, die entscheidend für unseren Lebenserfolg ist. Denn in vielen Lebenssituationen sind wir vor allem auf Ausdauer angewiesen. Edison berichtete, er habe 1000 Versuche aufwenden müssen, um die heutige Glühbirne zu erfinden. Wir brauchen also Zähigkeit und die Zuversicht, dass wir die ungeliebte Realität mit eigener Kraft ändern können.

Doch gerade das fällt vielen Menschen so schwer. Der Analytiker Schultz-Hencke hat daher gemeint, das Kernproblem der meisten Menschen liege in der Trias von Bequemlichkeit, Riesenerwartungen und Empfindlichkeiten. Das klingt sehr moralisch und enthält trotzdem eine tiefe Wahrheit. Sowohl in meiner Praxis als auch im eigenen Leben habe ich die Erfahrung gemacht: Humorvolle Menschen strengen sich gern an, sie beklagen sich nicht darüber, dass das Leben vor allem Arbeit ist. Natürlich haben sie auch gelernt, sich zu erholen. Wir leben in einer Leistungsgesellschaft und müssen achtsam mit den eigenen Kräften umgehen. Aber es ist zunächst wichtig, dass wir die Schwierigkeiten unseres Daseins akzeptieren und Probleme eher als Lebensaufgaben annehmen, die man lösen kann.

Die Suche nach dem Sinn

Entscheidend für den Humor ist offenbar, dass man sich nicht als Opfer fühlt. Doch dazu ist allerdings nicht nur Aktivität erforderlich. Wir müssen vielmehr das Gefühl einer höheren Gerechtigkeit empfinden. Wir verzweifeln an der Welt, wenn es jenen Menschen gut geht, die uns oder anderen schaden. Ohne das Gefühl der höheren Gerechtigkeit fällt es uns schwer, einen Sinn in unserem Leben zu finden. Dieser Lebenssinn ist nach der Überzeugung von Viktor Frankl noch wichtiger als das Streben nach Macht oder das Ausleben der Triebkräfte. Wir müssen daher an etwas Höheres glauben, um unsere Ich-Stärke zu bewahren. Dazu muss man nicht religiös sein. Wir können auch an die Natur, an politische Ideen, an das Gute im Menschen, an Solidarität, an die Schöpfung als Ganzes glauben. Wir müssen uns als Teil von etwas empfinden, das größer ist als wir, damit wir die Tiefschläge des Lebens verkraften.

Deshalb haben eher jene Menschen das Konzentrationslager überlebt, deren Leben auf einer tiefen Überzeugung beruhte. Vor allem religiöse oder politisch sehr engagierte Menschen konnten in ihrem Schicksal einen Sinn sehen und es als Aufgabe betrachten, weiterzuleben.

Anregung: Welchen Sinn sehen Sie in Ihrem Leben? Welche Werte sind Ihnen wichtig? Hinterlassen Sie Werke, die Sie überleben? Welche Menschen werden weiter an Sie denken? Um meine Patienten zum Nachdenken zu bringen, frage ich sie manchmal sogar: „Was wird eines Tages auf Ihrem Grabstein stehen?"

Das Prinzip Hoffnung

Nicht immer sind wir stark, nicht immer können wir Schwierigkeiten überwinden. Aber mutige Menschen haben die Hoffnung, dass ihr Leben zukünftig besser wird. Doch das von Ernst Bloch beschriebene Prinzip Hoffnung wird von den heutigen Realisten als problematische Konstruktion der Phantasie betrachtet. Sie betonen, man müsse realistisch sein, um bodenständig zu bleiben. Dem ist grundsätzlich zuzustimmen, aber ein wunderbares Beispiel für die Realität der Hoffnung ist die Geschichte des Fliegens. Noch in der

Antike glaubte man, dass nur Götter fliegen können. Aber schon im Mittelalter experimentierte Leonardo da Vinci mit Flughilfen und schließlich gelang 1811 dem Schneider von Ulm ein Flug, der allerdings in der Donau endete. Heute ist für uns das Fliegen eine selbstverständliche Realität. Wir profitieren von der Tatsache, dass viele Menschen an ihre Hoffnungen glaubten.

Wir können uns verändern

Der Glaube an eine bessere Zukunft ist lebenswichtig, um die Gefahren der Gegenwart zu ertragen. Dann können wir kämpfen und vieles erdulden, was uns sonst niederdrücken würde. Insofern gehört die Fähigkeit Probleme zu überwinden zur Basis-Kompetenz des Humors. Und diese Fähigkeit können wir in jedem Alter trainieren. Zwar dachten wir noch vor 30 Jahren, dass die Persönlichkeit eines Menschen mit spätestens 21 Jahren abgeschlossen ist. Doch heute wissen wir: Wir entwickeln uns ein Leben lang. Wir können sogar die Defizite der Kindheit ausgleichen und aus einem ängstlichen Menschen kann ein mutiger werden. Natürlich hat dies Grenzen, aber die Möglichkeiten der Veränderung sind oft viel größer als wir denken. Das zeigt auch das Leben von Bertrand Russell. Er war ein sehr schüchterner Jugendlicher, der häufig daran dachte, sich umzubringen. Trotzdem wurde er Friedensaktivist und lernte, vor vielen Menschen zu reden. Für seine Überzeugungen ging er für ein halbes Jahr ins Gefängnis, wo er an mehreren Büchern arbeitete. Er kämpfte ein Leben lang für seine politischen Ideen und gründete das Russell-Tribunal, in dem die amerikanischen Kriegsverbrechen in Vietnam untersucht wurden. Selbst mit 89 Jahren akzeptierte er es, wegen Widerstand gegen die Staatsgewalt noch einmal eine einwöchentliche Gefängnisstrafe anzutreten.

Ich kann…

Natürlich ist es schwierig, immer den Belastungen des Alltags standzuhalten und für die eigenen Werte zu kämpfen. Nur zu leicht kann man zwischenzeitlich die Hoffnung verlieren. Deshalb solle man etwas tun, was man täglich wachsen sehen könne – empfahl Arthur Schopenhauer. Malen Sie also Bilder, lernen Sie eine Fremdsprache oder schreiben Sie Ihre Autobiographie. Wichtig ist, dass Sie dies mit einer großen Leidenschaft tun, dann füllt sich Ihre

Seele mit neuen Eindrücken und Sie bekommen das Gefühl eines sinnvollen Lebens.

Leidenschaftlich leben bedeutet, dass Sie sich so intensiv mit einer Sache beschäftigen, dass Sie fast in jeder freien Minute daran denken. Insofern gleicht dieses Interesse einem stürmischen Liebesverhältnis. Als Gärtner will ich alles über meine Rosen wissen, studiere Bücher und stehe nachts auf, wenn ein heftiger Sturm droht, um sie zu schützen. Und als Musikliebhaber will ich alles über meinen Lieblingskomponisten erforschen, sein Leben, seine Musik, die Zeit, in der er lebte. Dann werden Sie jenen Zustand des ‚Flow' erleben, den der Glücksexperte Mihaly Csikszentmihalyi, so gründlich erforschte. Er stellte bei vielen glücklichen Menschen einen Schaffensrausch fest, bei dem sie Zeit und Raum vergessen würden. Und versunken in die Realisierung ihrer Lebensziele werden auch Sie sich als leidenschaftliche Gestalter eines kreativen Lebens empfinden. Nur bei einer solchen Leidenschaft kann sich Humor entwickeln. Denn der Humor entsteht aus einem Gefühl der inneren Stärke, die wir immer wieder durch aktive Schritte finden müssen.

Die Farm in den grünen Bergen

Wie diese aktiven Schritte auch in einer sehr schwierigen Lebenssituation möglich sind, zeigt das Leben des Schriftstellers Carl Zuckmayer, der auf der Flucht vor den Nazis Deutschland verlassen musste. Angekommen in den USA konnte er das Stillsitzen nicht ertragen, als Hitler ganz Europa zu erobern drohte. Er musste etwas tun und pachtete eine Farm. Für den erfolgsgewohnten, aber als Farmer völlig unerfahrenen Zuckmayer war das eine schwierige Situation. Dennoch lachte er oft über die komischen Ereignisse, die sich ergaben, als er zusammen mit seiner Frau eine Hühnerfarm aufbaute. Bald hatten sie 57 Hühner, 20 Enten, 5 Gänse, 4 Ziegen, 2 Schweine, 2 Hunde und 3 Katzen zu versorgen. Die Farm forderte dem Ehepaar Zuckmayer vieles ab: Tiere starben, Wasserleitungen froren ein und trotzdem verloren sie den Humor nicht. Sie konnten sogar die Komik empfinden, wenn sie beim Schlachten mit anderen Exilanten zusammenarbeiteten: „Da stand ein Chirurg mit Zuck an der Wasserleitung und reinigte Schweinedärme, ein Maler stopfte mit mir gemeinsam Würste, ein Universitätsprofessor drehte Leber und Milz durch die Fleischmaschine, ein Verleger wusch Geschirr am laufenden Band..." [20] Ein andermal versuchte Alice Herdan-Zuckmayer das Hühnerrupfen mit einem intellektuellen Gespräch zu verknüpfen, da gerade die Gattin eines Schriftstellers zu Besuch war: „... die Zeit verflog unter munteren Gesprächen. Bis zum achten Huhn hatten wir uns über die Folgen der falschen Pädagogik unterhalten, bis zum zwölften die heikle Frage des Theaters und der Übersetzung gestreift, bis zum sechzehnten beleuchteten wir die Literatur im Allgemeinen, es brauchte nur zwei Hühner, um die Stellung des Mannes in Europa zu schildern, und mit den restlichen sechs reichten wir kaum aus, um die Bedeutung der Frau in Amerika festzulegen." [21]

Die Bananenmethode

Nicht immer sind Menschen so zielstrebig wie das Ehepaar Zuckmayer und es gibt Lebenssituationen, in denen es schwierig ist, einen vernünftigen Ausweg zu finden. Doch man sollte eine solche Perspektive suchen, weil man sonst in Panik gerät und der Humor wegschmilzt. Dann ist es wichtig, dass man sich sagt: Notfalls werde ich Tellerwäscher, Toilettenfrau oder Nachtwächter. So jedenfalls beruhigte sich eine junge Patientin von mir, die als Medizinstudentin vor einer Prüfung stand und sie unbedingt bestehen musste. Sonst war – nach ihrer Überzeugung - alles vorbei. Aber als sie im Sommer in einem Lokal servierte, beobachtete sie: „… wie man dort saß, das Bier trank und Schmalzstullen aß und dachte: Also so kann das Leben sein. Daraufhin wurde ich ruhig und sagte mir, wenn alles schiefläuft, dann wirst Du eben Tellerwäscher und musste richtig lachen, als ich mir das vorstellte."

Diese Strategie pflege ich in der Therapie auch als die Bananenmethode zu bezeichnen, die auf eine Geschichte aus Liv Ullmanns Autobiographie zurückgeht. Einem Journalisten gegenüber behauptete sie einmal, sie schriebe ein Buch. Sie wollte nicht zugeben, dass sie gerade nichts zu tun hatte und fürchtete sich vor der Schlagzeile 'Das Ende einer Karriere'. Von da an „erkundigt sich jeder nach dem Buch. Verleger aus aller Welt rufen an oder schreiben, ohne überhaupt zu wissen, was ich hier zusammenbraue. Und nun habe ich ganz schlicht Angst….

Aber ich werde sie hereinlegen: Ich werde mir einen riesigen Vorschuss zahlen lassen und mich davonstehlen - auf eine friedliche Insel, die niemand kennt. Und dort werde ich sitzen und Bananen essen und nie mehr zurückkommen." [22]

Leben ohne Selbstmitleid

Fast immer gibt es Auswege, so gut wie nie sind wir nur das Produkt der Umstände, eine gewisse Handlungsfähigkeit bleibt uns sogar in schwierigsten Situationen erhalten. Das war die Überzeugung des Psychoanalytikers Viktor Frankl, der als 37jähriger in das KZ Theresienstadt eingeliefert wurde. Er war der Meinung, man könne sich auch unter den extremsten Umständen aktiv verhalten. Es gäbe genug Beispiele, dass man selbst in einer absoluten Zwangslage einen Rest von geistiger Freiheit behalten könne. Viktor Frankl überstand das Konzentrationslager auch deshalb, weil er nicht in Selbstmitleid versank. Vielmehr sah er das Dasein im KZ als Herausforderung an. Er war überzeugt, dass unser Leben erst unter den Hammerschlägen des Schicksals, erst in der Weißglut des Leidens Form und Gestalt annimmt. Und am wichtigsten sei hierbei der Humor - er sei die wichtigste Waffe im Kampf um Selbsterhaltung. [23]

Innere Lebenseinstellung

Offenbar behalten wir den Humor nur, wenn wir das Leben im Wesentlichen als Aufgabe, als Anforderung begreifen. Es kommt darauf an, dass wir das Leben auch in seinen Schwierigkeiten annehmen. Das heißt nicht, dass wir uns dann mit allen Problemen abfinden. Doch es hindert uns an der Problembewältigung, wenn wir zu viel lamentieren und uns quasi beim Schöpfer für alle Schwierigkeiten beschweren wollen. Auch Frankl fordert regelrecht eine kopernikanische Wende. Wir sollten nicht fragen, was wir vom Leben bekommen, sondern was das Leben von uns erwartet. Das Leben trägt Aufgaben an uns heran, die wir richtig zu beantworten haben „indem wir nicht durch ein Grübeln oder Reden, sondern nur durch ein Handeln, ein richtiges Verhalten, die rechte Antwort geben. Leben heißt letztlich eben nichts anderes als: Verantwortung tragen für die rechte Beantwortung der Lebensfragen, für die Erfüllung der Aufgaben, die jedem einzelnen das Leben stellt, für die Erfüllung der Forderung der Stunde." [24]

Die Kunst des Müßiggangs

Wir sind humorvoll, wenn wir aktiv sind und unsere Mitte gefunden haben. Wenn wir beherzt unseren Lebenszielen nachstreben, können die Probleme des Lebens, die Kränkungen und Enttäuschungen an uns abperlen. Aber dann sollten wir uns immer wieder erholen, um die Phasen der Aktivität durch Stunden des Müßiggangs zu ergänzen.

Eine solche Einstellung war auch mir früher fremd. In meiner Kindheit wurde mir anerzogen, es sei das Schlimmste, ein fauler Mensch zu sein. Für Dummheit könne man nichts, aber für Faulheit. In den schwierigsten Situationen des Lebens wurde ich immer aktiv. Ich fühlte mich daher sehr verstanden, als ich das von Bertrand Russell geschriebene Buch 'Lob des Müßiggangs' las. Dort erinnert er: „Wie die meisten meiner Generation bin ich nach dem Sprichwort: ‚Müßigkeit ist aller Laster Anfang' erzogen worden. Da ich ein sehr braves Kind war, glaubte ich alles, was man mir sagte: und so entwickelte sich mein Pflichtgefühl derart, dass ich Zeit meines Lebens, und bis zum heutigen Tage nicht umhin konnte, immer schwer zu arbeiten.“ [25] Doch zum Humor gehört auch das Innehalten, das Zu-sich-Kommen. Wir müssen gelegentlich im Augenblick verweilen, damit sich die Seele erholen kann. Deshalb gefallen mir auch die Zeilen von François Villon aus der Ballade vom angenehmen Leben auf dieser Welt:

Da lieg ich, wie ich bin, im hohen Gras
und denk nichts anderes als das,
dass von dem Baum nicht weit der Apfel fällt.

Wer so trotz aller Probleme entspannt im grünen Gras liegt, erwirbt die Zuversicht, dass schließlich doch alles gut werden wird. Schließlich reifen ja auch die Äpfel jedes Jahr, warum sollten wir dann nicht gestärkt aus Krisen hervorgehen?

Anregungen: Wann können Sie sich vollständig entspannen? Sind Sie eher der aktive Typ, der beim Radfahren entspannt? Oder bevorzugen Sie Yoga oder Meditation? Oder verfügen Sie gar über die Fähigkeit, stundenlang in die Wolken zu schauen und dem Gesang der Vögel zu lauschen?

Die Bedeutung der Freundschaften

Der Humor entsteht in dem Spannungsbogen von Aktivität und Entspannung. So wächst ein starkes Ich, das uns eine innere Unabhängigkeit von der launenhaften Welt vermittelt. Aber das bedeutet keineswegs, dass wir Einzelgänger werden sollten. Das ICH entsteht aus dem DU, wusste schon Ludwig Feuerbach. Unsere Stärke können wir nur bewahren, wenn wir stabile Beziehungen aufbauen. Deshalb sind Liebesbeziehungen und vor allem Freundschaften so wichtig, die uns das Gefühl geben, verstanden zu werden, so dass wir uns in dieser mitunter schwierigen Welt aufgehoben fühlen.

Anregung: Wie zufrieden sind Sie mit Ihren Freundschaften? Was könnten Sie tun, um sie zu verbessern?

Serendipität: Etwas finden, was man nicht gesucht hat

Wenn wir immer nur Ich sagen, werden wir nicht größer, sondern kleiner. Wir leiden dann unter einem Egozentrismus, der unsere Seele durchlöchert, der uns auf uns selbst zurückwirft. Schließlich kreisen wir unaufhörlich um uns selbst und betreiben eine Nabelschau, die uns zerstört, weil wir keine Verankerung mehr spüren, indem wir zu viel an uns und zu wenig an andere denken. Goethe hat einmal gemeint, wir sollten zu 90% an die Welt, nur zu 10% an uns denken. Sonst grübeln wir ständig über uns nach. Humor finden wir daher nur bei jenen Menschen, die zutiefst mit der Welt und ihren Mitmenschen verwurzelt sind. Dann fühlen wir uns sicher und können uns gelegentlich sogar vergessen. Und dann finden wir häufig etwas Bedeutsames, das wir nicht gesucht haben. Man bezeichnet diesen Vorgang als Serendipität und meint damit, dass wir die wichtigen Dinge oft erst dann erreichen, wenn wir sie nicht mehr direkt anstreben. Und dies gilt vor allem für den Humor. Er entfaltet sich, wenn wir eine innere Aufgeschlossenheit gegenüber unseren Mitmenschen empfinden. Deshalb sind die von Max Schmeling gelebte Freundlichkeit und Hilfsbereitschaft so wichtig für den Humor.

Anregung: Wie geht es Ihnen, wenn Sie anderen Menschen eine Freude machen? Sie werden spüren, dass unser Glücksgefühl vor allem mit der inneren Verbundenheit mit anderen Menschen zusammenhängt.

MAX SCHMELING

Herrn
Dr.Wolfgang Krüger
Dipl.Psychologe
Krefelder Straße 20
10555 BERLIN-Tiergarten

8.Sept.1993

Sehr geehrter Herr Dr. Krüger!

Ihren Brief vom 30.8.d.J. habe ich erhalten und mit Interesse gelesen.

Zunächst einmal wünsche ich Ihnen, daß Sie nur "humorvolle" Persönlichkeiten angeschrieben haben. Diese vorher zu erkennen, dürfte sicherlich nicht ganz einfach gewesen sein.
So freue ich mich jedenfalls, daß Sie mich zu den Menschen zählen, die ihren Humor immer noch besitzen.

Ich denke, daß Humor in erster Linie bei den Menschen zu suchen ist, die die Dinge des täglichen Lebens positiv und freundlich angehen. So ist für mich immer eines von außerordentlicher Wichtigkeit gewesen, wonach ich mich in meinem Leben gerichtet habe; nämlich:
Es ist so einfach, freundlich und hilfsbereit
und so unendlich schwer, unfreundlich und abweisend zu sein.

Unter diesem Leitspruch ist es mir in meinem Leben oft leicht gefallen, mir meinen Humor zu erhalten.

Ich wünsche Ihnen guten Erfolg für Ihr neues Buch!

Mit freundlichen Grüßen
Ihr

Die Ereignisse umdeuten

Entscheidend für den Humor ist jene soziale Bodenhaftung, die uns hilft, Abstand zur Welt zu finden. Dann können wir die Erkenntnis von Hesse verwirklichen: „In der Welt zu leben, als sei es nicht die Welt." Der Psychiater Raymond A. Moody hat dies als die kosmische Perspektive bezeichnet. Wenn wir sie verwirklichen, sehen wir alles aus einer großen Entfernung und bleiben trotzdem mit der Welt in einem emotionalen Kontakt. Und auf diese Weise können wir auch die Bedeutung der unerträglichen Ereignisse ändern, indem wir eine kopernikanische Wende vollziehen. Dann begreifen wir: Nicht die Sonne dreht sich um die Erde, vielmehr ist es umgekehrt. Und so müssen wir vieles neu bewerten und wie mit einem Fernrohr die großen Dinge klein machen, indem wir rückwärts durch die Linsen schauen. Das ist auch mit Sorgen möglich, sobald wir die Könnte-Perspektive (Es könnte alles viel schlimmer sein) anwenden.

Mich hat es früher oft verwundert, dass es mir plötzlich besser ging, wenn ich an der Notaufnahmestelle des Krankenhauses vorbei kam. Dort lagen Verletzte und obwohl mir das einen Schreck einjagte, stellte sich hinterher ein Gefühl innerer Ruhe ein. Meine täglichen Sorgen verblassten angesichts der Erkenntnis, dass ich für meine Gesundheit dankbar sein sollte. Und so habe ich mir angewöhnt, öfter darüber nachzudenken, was in meinem Leben gut läuft. Auch Sie sollten dies regelmäßig beherzigen, denn Erfolge betrachten wir oft als selbstverständlich, während wir uns auf die Misslichkeiten des Lebens fokussieren. Meist bemerken wir es nicht, wenn eine Quelle des Ärgers fortfällt, weil wir uns längst über etwas anderes aufregen.

Die Sicht auf die Dinge

Doch selbst die negativen Ereignisse können zu unserem Humor beitragen, wenn wir sie umdeuten. Daher hat uns der griechische Philosoph Epiktet bereits zu Anfang des ersten Jahrhunderts ermahnt: „Es sind nicht die Dinge, die uns berühren, sondern die Sicht, die wir auf die Dinge haben." Das wird vor allem dann wichtig, wenn Lebensereignisse ‚durchwachsen' sind. Wir sind dann zwar krank, aber noch bewegungsfähig. Unsere Partnerschaft ist passabel, aber wir sind nicht mehr verliebt. Das sind jene alltäglichen Situationen, die man mit einem Glas vergleichen kann, das zur Hälfte mit Wasser gefüllt ist. Während der eine sagt, es sei halb leer, verkündet der andere heiter, es sei halb voll. Deshalb meinte Antoine de Saint-Exupéry, es genüge oft ein Wechsel der Blickrichtung, um klar zu sehen.

Biermann und der Staatssicherheitsdienst

Wie sehr sogar eine Bedrohung einen positiven Gewinn mit sich bringen kann, hat Wolf Biermann in seiner Autobiographie beschrieben. Er wurde jahrelang von der Staatssicherheit der DDR abgehört und schreibt in der Stasi-Ballade, dass er sich nicht mehr getraut habe fremdzugehen, denn...

diese ungeheuer
dumme Lust auf Abenteuer -
seit ich weiß, dass die Genossen,
wachsam sind, ist ausgeschlossen,
dass ich schamlos meine Pfläumen
pflücke von diversen Bäumen...

Schließlich müsse er riskieren, dass seine Frau davon erfährt und so sei er treu und „die so aufgesparte Glut" käme seinem Werk zugute. Diese Umwandlung von Triebkräften zu Kulturleistungen hätte Sigmund Freud als Sublimierung betrachtet. Und so ‚würdigt' Biermann auch die Sicherheitsorgane, die unfreiwillig „seine Unsterblichkeit" sichern.

Ein Königreich gewonnen

Eine solche Umdeutung ist manchmal sehr verblüffend, wenn jeder von einem negativen Ereignis ausgeht. Das war auch der Fall, als Margarete, Königin von Frankreich, ein Mädchen zur Welt brachte. Da alle auf einen männlichen Erben gehofft hatten, wollte niemand dem König die enttäuschende Nachricht überbringen. Schließlich wurde der Bischof von Paris gebeten, diese heikle Mission zu übernehmen. Er sagte dem König, er solle sich freuen, denn Frankreich sei soeben sehr bereichert worden. Wäre es ein Sohn geworden, hätte man eine Grafschaft abtreten müssen. Aber er habe - weil er der

Vater einer Tochter geworden sei – ein neues Königreich gewonnen. Der König habe daraufhin zufrieden gelächelt.

Auch ich praktiziere häufiger das Prinzip der Umdeutung. Als dies Buch fast fertig war, ärgerte ich mich ziemlich über die vielen kleinen Fehler, die mir trotz mehrmaligem Korrekturlesen auffielen. Doch dann sagte ich mir: Sei glücklich, dass Du die Fehler jetzt findest, bevor das Buch gedruckt wird. Das Schicksal meint es gut mit Dir. Und ich beruhigte mich hinsichtlich jener Fehler, die ich nicht finden würde. Schließlich pflegt man zu sagen: „Wenn zu perfekt, Gott böse!“

Damit wir jedoch zu einer solch veränderten Perspektive fähig sind, müssen wir aufhören, mit dem Kopf durch die Wand gehen zu wollen. Oft haben wir eine genaue Vorstellung, wie das Leben sein sollte. Wir verhalten uns dann wie Hühner, die immer gegen eine Glasscheibe picken, hinter der eine Schüssel mit Futter steht. Wir merken nicht, dass wir einen kleinen Umweg machen müssen, um das gewünschte Ziel zu erreichen. Doch Affen sind dazu in der Lage. Sie turnen so lange an der Glasscheibe entlang, bis sie auf die andere Seite kommen und gelangen so zum ersehnten Futter.

Tatsächlich sollten wir uns Affen zum Vorbild nehmen und notfalls versuchen, unser Ziel auf Umwegen zu erreichen. Häufig stellt sich dann das Ärgernis nachträglich als Glücksfall heraus. Die Trennung von der schwierigen Partnerin ermöglicht uns den Beginn einer neuen Liebesbeziehung. Die Kündigung am Arbeitsplatz führt zu neuen beruflichen Perspektiven. In allem liegt der Keim des Neuen. Man muss ihn nur sehen und dann aktiv werden.

Die Überwindung der Eitelkeit

Doch warum ist es manchmal so schwierig, das Leben aus einem anderen Blickwinkel zu sehen? Warum sind wir oft dermaßen gekränkt, dass der Humor völlig auf der Strecke bleibt? Einer der Hauptfaktoren für die Humorlosigkeit ist immer eine große Eitelkeit. Daher läuft man durchs Leben, als hätte man einen Anspruch auf Sonderbehandlung und ist bereits über die kleinen Misslichkeiten des Lebens gekränkt. Dann ärgern wir uns darüber, dass uns der Bus jeden Morgen vor der Nase wegfährt oder dass wir uns im Supermarkt immer an der falschen Schlange anstellen. Mit mir kann man es ja machen – lautet die empörte Aussage.

Nun sind eine gewisse Eitelkeit und ein munteres Geltungsstreben normal und gesund, wenn man dafür einiges geleistet hat. Deshalb verstehe ich auch die Neugierde von Ludwig Thoma, der mit einem erhebenden Gefühl in alle naheliegenden Buchhandlungen schaute und mit großem Stolz sein Werk in der Auslage liegen sah. Meist wird man es dort aber nicht finden und so ist man vor allem beim Erstlingswerk auf viel Humor angewiesen. Beispielsweise verkauften sich vom ersten Lyrikband von Günter Grass innerhalb von drei Jahren nur 700 Exemplare. Doch Grass verkraftete es gut und blieb auch bodenständig, als er mit seinem Roman ‚Die Blechtrommel' einen riesigen Erfolg verzeichnen konnte, den er mit den eher humorvoll-sarkastischen Worten kommentierte, er habe den Absatz von Aalen beeinflusst. Diese spielten in seinem Roman eine ganz wesentliche, eher ekelhafte Rolle.

Der gekränkte Mark Twain

Solche Anekdoten berühmter Persönlichkeiten sind sehr beliebt. Wenn wir über diese Menschen lachen, akzeptieren wir zugleich die Erkenntnis, dass man nicht so groß tun solle, weil man sonst unweigerlich vom Leben reduziert wird. So erging es beispielsweise dem damals schon recht bekannten Mark Twain. Er wurde in einem Park von einem Mädchen angesprochen, das ihn begleiten wollte. Twain war dermaßen geschmeichelt, dass er ihr eine Stunde lang seine schönsten Geschichten erzählte und ihr ein Geldstück schenkte. Und dann sagte er ihr: „Jetzt geh nachhause, und wenn Du groß bist, kannst Du Deinen Bekannten erzählen, dass Du mit Mark Twain spazieren gegangen bist."Daraufhin brach sie in Tränen aus und schluchzte: „Ich dachte, Sie seien Buffalo Bill." [26]

Wer war das?

Nun will nicht jeder von uns berühmt sein und meist sind unsere Geltungswünsche erheblich bescheidener. Sie beziehen sich eher auf die Bereiche Arbeit und Partnerschaft. Selbst wenn wir uns um andere Menschen bemühen oder ihnen helfen, erwarten wir oft noch nicht einmal sehr viel Dankbarkeit.

Aber der andere sollte zumindest unsere Leistung anerkennen und sich über unsere Hilfeleistung freuen. Oder wie würden Sie sich fühlen, wenn Sie feststellen, dass Ihre Hilfeleistung überhaupt nicht willkommen war? Das musste der Berliner Analytiker Wladimir Lindenberg erleben, der vor über 30 Jahren einen Mann behandelte, der in einer schwierigen Ehe lebte. Sein Patient wohnte in West-Berlin und wurde wegen abfälliger politischer Äußerungen in Ost-Berlin festgenommen und ins Gefängnis gesteckt. Lindenberg tat daraufhin alles, um diesen Mann freizubekommen. Er hatte gute Kontakte zu den Alliierten und setzte regelrecht Himmel und Hölle in Bewegung. Nach einigen Monaten hatte er Erfolg, der Patient kam frei und fragte bei der ersten Sprechstunde klagend: „Wer hat das getan, habe ich Feinde?" Es sei ihm doch so gut im DDR-Gefängnis gegangen. Keine Ehefrau, kein Streit. Nur liebe Leute, die mit ihm Karten gespielt hätten.

Die Eitelkeit weglachen

Selten bekommen wir die Anerkennung, die wir uns wünschen - und vielleicht auch verdient haben. Um unseren Humor nicht zu verlieren, müssen wir daher einen soliden Realismus hinsichtlich der versagenden Welt gewinnen. Wir müssen begreifen, dass wir oftmals für die Mitmenschen nicht sehr wichtig und auch nicht der Mittelpunkt der Welt sind. Kurz gesagt: Wir müssen unsere Eitelkeit überwinden. Deshalb meinte Kästner einmal, der Humor würde uns bescheiden machen und uns die richtige Größenordnung lehren. Denn bevor „man das Erb- und Erzübel, die Eitelkeit, nicht totgelacht hat, kann man nicht beginnen, das zu werden, was man ist: ein Mensch." [27]

Das Bundesverdienstkreuz

Doch wie können wir die eigene Eitelkeit weglachen? Schließlich sind wir auf Anerkennung angewiesen, die wir so selten bekommen. Neun von zehn Arbeitnehmern klagten daher in einer Umfrage der Arbeitsgemeinschaft ‚Kraftwerk Anerkennung' darüber, sie würden zu wenig Bestätigung erhalten. Insofern ist es nicht verwunderlich, dass offizielle Auszeichnungen einen so hohen Stellenwert besitzen. Seit Bestehen der Bundesrepublik wurden 250.000 Menschen mit dem Bundesverdienstkreuz ausgezeichnet. Allerdings können solche Verleihungen auch zu komischen Situationen führen.

Als der russische Präsident Breschnew von Kurt Waldheim die goldene UNO-Friedensmedaille überreicht wurde, sei er zum ersten Mal während des Fünfzig-Minuten-Treffens lebendig geworden. Er habe gestrahlt wie ein Kind und zeigte damit seine legendäre Leidenschaft für Orden. Ein UNO-Diplomat erinnert sich: „Die Zahl der Dekorationen, die er gesammelt hatte und auch ständig trug, war so groß, dass Moskauer Witzbolde behaupteten, die Chirurgen hätten Breschnew eine Extrarippe eingepflanzt, damit er seine ganze Ordenspracht auch tragen konnte.“ [28]

Wie eine Königin auf dem Thron

Dem Maler Max Liebermann war dies Repräsentationsgehabe sehr fremd. Als ihm ein Künstler stolz seinen ersten Orden zeigte, entgegnete er: „Passen Se uff! Jetzt kommen noch mehr. Wo ein Hund hinpisst, da pissen alle hin!“ [29]
Dennoch sollten wir Geltungswünsche nicht zu sehr ablehnen. Schließlich ist der Wunsch nach Anerkennung sehr verständlich und normal. Zu einem vitalen Leben gehören immer auch Größengefühle, die allerdings meist verdrängt werden. Oft wird man nur von den Kindern die unzensierten Geltungswünsche zu hören bekommen. So hielt sich die berühmte Schriftstellerin Agatha Christie als Kind gern auf der Toilette auf, die über ein wunderbar großes Sitzbrett aus Mahagoni verfügte. „Wenn ich darauf saß, fühlte ich mich wie eine Königin auf dem Thron. Hierher zog ich mich des Morgens zurück, nahm feierlich Platz, neigte huldvoll mein Haupt, gewährte Audienzen, streckte meine Hand aus, um sie küssen zu lassen - bis ich dringend aufgefordert wurde herauszukommen, weil auch andere die Toilette aufzusuchen wünschten.“ [30]

Werde ich alle beeindrucken?

So unbekümmert, ja fast lustvoll sollten auch Sie Ihre eigenen Geltungswünsche akzeptieren und darauf hinarbeiten, dass diese in ihrem Kern befriedigt werden. Seien Sie also nicht zu bescheiden und achten Sie darauf, genügend Anerkennung zu bekommen. Hinter unserer Eitelkeit stecken immer massive Minderwertigkeitsgefühle und erst wenn wir unsere Bedeutung im Leben spüren, können wir auch über eigene übertriebene Geltungswünsche lachen. So ging es jedenfalls Bertha von Suttner, die ursprünglich Sängerin werden wollte. Aber dann erlitt sie einen Schock, als ihr eine berühmte Gesangsmeisterin bescheinigte, kein Talent zu besitzen. Diese Auskunft empfand Bertha von Suttner als Ohrfeige und Dolchstich zugleich und gab schließlich ihre Bemühungen auf. Nachdem ihre Karriere als Sängerin gescheitert war, fragte sie sich selbstkritisch: „Ob nicht auch Eitelkeit mit im Spiele war? … Werde ich - von der Macht des Gesanges abgesehen - auch als Weib die Herzen entflammen?“ [31]

Bertha von Suttner blieb jedoch lebenslang eine engagierte Friedensforscherin und Schriftstellerin und erhielt den ersten Friedensnobelpreis. Sie ist ein überzeugendes Beispiel dafür, dass wir unsere Geltungswünsche entschlossen ausleben sollten. Doch gleichzeitig sollten wir wissen, dass die Realität meist viel durchschnittlicher ist als unsere Traumwelt. Ein sehr schönes Beispiel dafür ist die Verleihung des Nobelpreises an Thomas Mann. Seine Frau berichtete später über das Festdiner, bei dem der König nur neben Personen von Geblüt sitzen durfte: „Da saß er also zwischen zwei ollen Morcheln, zwei Prinzessinnen. Der Tisch war sehr festlich gedeckt, ein prachtvolles Damasttischtuch lag auf, und wir aßen alle von silbernen Tellern. Der König hatte jedoch auf diesem Damast ein extra Spitzendeckchen, und er speiste ganz allein von Gold… Es war komisch, aber es war auch alles sehr schön und festlich, und wir waren natürlich in gehobener Stimmung...“ [32]

Anregungen: Welche Geltungswünsche hatten Sie als Kind? Standen Sie gern im Mittelpunkt? Wollten Sie berühmt werden? Bekommen Sie jetzt genügend Anerkennung? Wie würden Sie sich fühlen, wenn man Ihnen das Bundesverdienstkreuz überreicht und wofür könnten Sie geehrt werden?

Der traurige Clown

Wenn wir so entspannt in uns hineinhorchen, spüren wir sehr deutlich, was wirklich wichtig ist. Auf diese Weise gewinnt unser Leben einen großen Tiefgang und dies ist die wichtigste Pforte zum Humor. Wer immer vor sich selbst davonläuft und oberflächlich lebt, kann nicht humorvoll sein. Und dies Spannungsverhältnis zwischen der tiefen Ernsthaftigkeit und dem Humor finden wir vor allem bei Clowns. Oft spürt man, dass sie selbst sehr wohl um die Probleme des Lebens wissen und schwer daran zu tragen haben. Deshalb singt auch Heinz Rühmann in einem Lied: „...nur der Clown lacht nicht." Das mag auf den ersten Blick überraschen. Laufen denn nicht die Clowns lustig angemalt durch die Manege und bringen uns zum Lachen? Doch häufig hatten sie selbst eine schwierige Kindheit und kennen immer wieder Phasen der Traurigkeit. So war es auch mit Charlie Chaplin, der unter extrem schwierigen Bedingungen aufwuchs. Und auch die Kindheit von Charlie Rivel soll sehr problematisch gewesen sein, da er als Zirkusjunge oft gehänselt wurde. Trotzdem bringen uns die Clowns zum Lachen und Charlie Chaplin meinte sogar einmal: „Um dieses Leben ertragen zu können, muss man Clown sein." In diesem Sinne wäre es sicherlich gut, wenn wir alle hin und wieder den Clown in uns entdeckten. Dann könnten wir spielerisch und lustvoll das Leben veralbern, auch wenn uns nicht immer zum Lachen zumute ist. Dann könnten wir uns an der eigenen Unbeholfenheit erfreuen und bewusst die Schwierigkeiten so übertreiben, dass sie eine absurde Dimension bekommen. Schließlich würden wir nicht mehr darauf warten, dass unser Leben besser und einfacher wird. Denn nun wüssten wir, dass das ganze Dasein eigentlich ein merkwürdiger Zirkus ist.

Der kindliche Humor

Sobald wir in dieser Weise die Komik des Lebens begreifen, gewinnen wir wieder einen Zugang zum kindlichen Humor. Das ist ein wichtiger Schritt für unsere Humor-Entwicklung, denn Kinder verfügen noch über ein ausgeprägtes Gespür für Komik. Wir sollten daher den Mut finden, uns wieder kindlicher zu verhalten. Meist sind wir über-erwachsen und haben Angst, uns zu blamieren. Umso mehr freuen wir uns über Filme, in denen peinliche Alltagssituationen dargestellt werden, die ihre Komik gerade aus der Kindlichkeit der Protagonisten beziehen. Denken Sie nur an die Badewannenszene von Loriot: Sie ist so bekannt, dass sie sogar auf einer Wohlfahrtsmarke der Post verewigt wurde: Zwei Herren im mittleren Alter sitzen im Bad - es sind Herr Müller-Lüdenscheidt und Dr. Klöbner. Dr. Klöbner befindet sich in einer ‚Fremdwanne', weil er sich im Hotel in der Zimmernummer geirrt hat. Herr Müller-Lüdenscheidt will nun in seiner Wanne das Wasser selbst einlassen und lehnt vor allem ab, dass Dr. Klöbner mit Ente badet („Ich bade immer mit dieser Ente!"). Der Ausspruch „Die Ente bleibt draußen!" gehört mittlerweile zum Kulturgut der Loriot-Fangemeinde. Ständig werden daher Plastik-Enten auf Loriots Grabstein auf dem Berliner Waldfriedhof niedergelegt.

Die Frösche

Wenn wir entspannt das Leben mit Kinderaugen betrachten, hat vieles eine unfreiwillige Komik. Dann bewahrheitet sich die Erkenntnis von Sigmund Freud, das Lachen würde der Spannung zwischen dem Ich des Erwachsenen und dem Ich des Kindes entspringen. Die unterschiedliche Perspektive von Kinder- und Erwachsenenwelt wird deutlich in einer Geschichte des Bruders von Bert Brecht. Sein Vater hatte den Tiermarkt besucht und hielt beim Mittagessen plötzlich ein mit weißem Tuch verhülltes Glas hoch. Es enthielt drei winzige grüne Laubfrösche. Gerade wollte die Mutter die Suppe austeilen, als die Frösche im hohen Bogen aus dem Glas sprangen, und dabei mitten in die Suppenschüssel flogen. Die Mutter schrie hell auf und jammerte über die schöne Nudelsuppe. Doch der Vater und die beiden Jungen lachten sich fast tot. [33]

Anregung: Als Theodor Fontane sich auf der Weidendammer Brücke verlobte, war er so albern, dass er von dort bis zum Haus seiner Verlobten in der Oranienburger Straße hüpfte. Sie fragte daraufhin, ob er es ernst gemeint habe. Hätten Sie auch den Mut, wieder einmal zu hopsen oder sich über jene Spiele zu freuen, die Sie als Kind bevorzugten? Oder singen Sie doch einmal unbekümmert die Lieder der Kindheit, so dass die Gefühle dieser Zeit wieder in Ihnen wach werden. Dann werden Sie spüren, dass das Leben etwas Spielerisches bekommt und Leichtigkeit gewinnt.

Humor ist die halbe Gesundheit.
Manfred Hinrich

Wer lacht, ist gesünder und glücklicher

Der Humor ist die Atmung des Lebens, er sichert unsere Lebendigkeit, indem er Kränkungen und Enttäuschungen abfedert. Und vor allem schützt er unser empfindliches Ich. Auf den Punkt gebracht hat diese Erkenntnis Sigmund Freud, als er meinte, das Großartige des Humors liege in der siegreich behaupteten Unverletzlichkeit des Ichs. Der humorvolle Mensch weigere sich, sich durch die Realität kränken zu lassen und zu leiden. Insofern hat der Humor eine Schutzfunktion. Denn durch ihn bewahren wir unsere innere Gelassenheit und sind glücklich, selbst wenn die Welt um uns herum schwierig ist. Diese Gelassenheit wirkt sich auch positiv auf unsere Gesundheit aus. Es ist wissenschaftlich belegt, dass der Humor einer der wichtigsten und am meisten unterschätzten Faktoren für unsere Gesundheit ist.

Humorvolle Menschen sind gesünder

Humorvolle Menschen verfügen über ein erheblich besseres Immunsystem. Das stellte der Pionier der Humorforschung - der Amerikaner William Finley Fry - in den sechziger Jahren in einem Experiment fest. Während er sich einen Film mit Dick und Doof anschaute, ließ er sich Blut abzapfen. Und es zeigte sich, dass die Zahl der sogenannten Killerzellen im Blut zunahm. Inzwischen wissen wir, dass durch das Lachen das Immunsystem erheblich gestärkt wird. Zudem wirkt der Humor entspannend und kann sogar vor einem Herzinfarkt schützen. Darüber hinaus ist er eines der stärksten natürlichen Schmerzmittel.

Humor verlängert das Leben

Wer über Humor verfügt, lebt 20% länger. Das ergab eine große siebenjährige Studie der Norwegischen Universität in Trondheim, die 2010 veröffentlicht wurde. Denn humorvolle Menschen werden weniger krank, wozu offenbar vor allem ihre positive Denkweise beiträgt. Deshalb meinte der italienische

Schriftsteller Curzio Malaparte: Jedes Mal, wenn ein Mensch lacht, fügt er seinem Leben ein paar Tage hinzu.

Der Selbstversuch von Norman Cousins

Wie lebensrettend und wirkungsvoll der Humor sein kann, zeigte am eindrücklichsten die Selbstbehandlung des Wissenschaftsjournalisten Norman Cousins. Er litt unter der damals nahezu unheilbaren rheumatischen Krankheit Spondyloarthritis. Bei ihm handelte es sich um Morbus Bechterew mit einem besonders schweren Verlauf. Doch er wollte sich nicht damit abfinden, dass er seine Gelenke bald nur noch unter großen Schmerzen bewegen konnte. Also verließ er das ungemütliche Krankenhaus und zog in ein Hotel, wo er eine Humortherapie entwickelte. Denn er stellte fest: Nachdem er 10 Minuten lang lustige Filme gesehen hatte, konnte er 2 Stunden schmerzfrei schlafen. Und obwohl die Heilungschance bei dieser Erkrankung nur bei 1:500 lag, bemerkte er bald einen Rückgang der Entzündungen und wurde schließlich sogar als geheilt betrachtet.

Über seine Heilung schrieb Cousins 1979 das vielbeachtete Buch ‚Der Arzt in uns selbst‘ und gründete an der Universität von Los Angeles eine Abteilung für medizinische Humorforschung. Damit verstärkte Cousins jenen Forschungsansatz, der bereits in den sechziger und siebziger Jahren begonnen hatte. Dazu gehört das 1972 von Patch Adam gegründete Institut in Arlington, das auf einem respektvollen und humorvollen Umgang mit den Patienten beruhte. Adams trat bei den kranken Patienten teilweise als Clown auf und sagte in einem Zeit-Interview: „Wenn ich auftrete, haben die Patienten keine Zeit mehr, an ihre Krankheit zu denken.“ Der Film ‚Patch Adams‘ zeigt anschaulich seinen revolutionären Ansatz, der vor allem darin bestand, dass er sich weniger als Behandler sah, sondern vor allem die Lebensfreude seiner Patienten steigern wollte.

Diese Idee des Patienten-Clowns wurde in den 80iger Jahren von Michael Christensen intensiviert, der Mitbegründer des New Yorker Stadtzirkusses ‚Big Apple Circus‘ war. Er bekam den Auftrag, als Clown im Kinderkrankenhaus aufzutreten und erzielte einen umwerfenden Erfolg. Daraus entstand das Projekt, dass kranke Kinder regelmäßig von Clown-Doctors besucht werden. Inzwischen gibt es eine weltweite Bewegung von Therapieclowns, die es sich zur Aufgabe gemacht hat, vor allem Kinder in Krankenhäusern so zum Lachen zu bringen, dass sie ihre belastende Krankheit vorübergehend vergessen können – was ihre Heilungschancen erhöht.

Mit den Clown-Doctors wird eine Erkenntnis umgesetzt, die schon im Mittelalter bekannt war. So schrieb der Arzt Henri de Mondeville, der von 1260 bis 1320 lebte, in der klassischen Abhandlung über sein Fachgebiet: „Der Wundarzt muss die ganze Lebensweise des Patienten auf Freude und Glück hin ausrichten!" Er ging davon aus, dass man dem Patienten lustige Sachen erzählen müsse, um ihn aufzumuntern. Schöne Musik sollte seine Stimmung heben. Letztlich sei die Heiterkeit der eigentliche Faktor für die Gesundung des Patienten. Heute wissen wir, dass wir bei vielen Krankheiten weder Medikamente noch teure Apparate benötigen, sondern eine andere Lebenseinstellung. Wir bräuchten Ärzte, die uns die Kunst des Humors lehren.

Humor macht glücklicher

Durch den Humor leben wir nicht nur länger, wir sind vor allem glücklicher und dies ist durchaus messbar. Eine Untersuchung bestätigte, dass durch intensives Lachen das Glückshormon Dopamin ausgeschüttet wird. Deshalb kam auch der Psychologe Willibald Ruch nach einer umfangreichen Umfrage zu dem Ergebnis, dass humorvolle Menschen glücklicher sind. Denn das Glück hängt meist mit erfüllenden sozialen Beziehungen, aber auch mit einer humorvollen Lebenseinstellung zusammen, die bei den unvermeidlichen Belastungen wie ein Stoßdämpfer wirkt.

Humor ist ein Antidepressivum

Der Humor ist offenbar eine so intensive Lebenskraft, dass sie auch eines der stärksten Antidepressiva ist. Insofern verwundert nicht die Feststellung des Basler Mediziners Marc Walter, der Humor habe einen lindernden Effekt auf depressive Menschen. Als Assistenzarzt in einer psychiatrischen Klinik leitete er eine Humorgruppe, in der die Patienten auf spielerische Weise zu einem besseren Kontakt mit sich und den Mitmenschen kommen konnten.

Humor verbessert das Gedächtnis

Doch der Humor ist nicht nur in Krankenhäusern und in der Psychotherapie wichtig. Selbst in Schulen, bei Kongressen und in Universitäten spielt er eine große Rolle. Kennen Sie nicht auch Vorträge, die schrecklich langweilig waren? Erinnern Sie sich auch an Schulstunden, in denen Sie an alles Mögliche dachten, nur nicht an den Unterricht? Meist lag es daran, dass die Dozenten und Lehrer ihre Erkenntnisse völlig humorlos präsentierten. Deshalb achte ich in meinen Vorträgen sehr darauf, dass ausreichend gelacht wird. Denn bereits 1977 kamen Professoren der San Diego State University zu dem Ergebnis, dass Studenten den Lernstoff erheblich besser behielten, wenn ihn die Dozenten humorvoll vortrugen.

Experten sind sogar davon überzeugt, dass der Humor uns davor schützt, dement zu werden. Demenz bedeutet wortgemäß: ‚ohne Verstand'. Und wir behalten diesen Verstand, diesen lebendigen Weltbezug länger, wenn es vier elementare Bewegungsfaktoren gibt:

- Körperliche Bewegung
- Geistiges Interesse
- soziale Bewegung durch einen lebendigen Freundeskreis
- und Humor als seelische Schwingung.

Anregung: Sind Ihre körperlichen Abwehrkräfte stärker, wenn Sie humorvoller mit den kleinen Irritationen des Lebens umgehen? Und können Sie den Lernstoff besser behalten, wenn Sie oft lachen? Könnten Sie sich vorstellen, vor Prüfungen jeden Tag heftig zu lachen, damit sich das Erlernte intensiver einprägt?

Mit Humor kann man Frauen am leichtesten
verführen, denn die meisten Frauen lachen
gerne, bevor sie anfangen zu küssen.
Jerry Lewis

Partnerschaft und Humor

Unser Humor ist am stärksten durch seelische Krisen und im Alter durch unheilbare Krankheiten bedroht. Dann können wir ihn vor allem dann bewahren, wenn wir uns geliebt fühlen. Das Fundament des Humors ist immer die Liebe zu sich selbst und zu anderen. Wir verfügen nur dann über einen tiefen, fast unerschütterlichen Humor, wenn wir von einem Menschen in der Kindheit vorbehaltlos geliebt wurden. Das vermittelt eine innere Sicherheit, an der fast jede Schwierigkeit des Lebens abprallen kann. Doch leider wurden die meisten von uns kaum bedingungslos geliebt. Darum ist unser Humorfundament so schwach. Auch deshalb hoffen wir auf die große Liebe, in der wir die gewünschte Anerkennung bekommen.

Doch zunächst müssen wir das ersehnte Liebesobjekt zum Lachen bringen. Liebe hat etwas mit Leichtigkeit zu tun und das gemeinsame Lachen hebt die Schwere des Alltags auf. Daher haben humorvolle Männer erheblich größere Chancen bei Frauen. Das ist auch das Ergebnis einer Studie aus dem Jahre 2005. Eric Bressler vom Westfield State College in Massachusetts und Sigal Balshine von der McMaster Universität in Ontario ließen Studenten die Fotos von 40 Personen bewerten. Wenn die männlichen Gesichter mit amüsanten Unterschriften versehen waren, wurden sie von den Frauen eher als potentielle Partner ausgewählt. Auch zahlreiche andere Umfragen zeigen, dass der Humor für Frauen auf den beiden ersten Plätzen der gewünschten Eigenschaften liegt.

Der ähnliche Humor

Humorvolle Menschen sind deshalb so begehrt, weil diese Eigenschaft einer der wesentlichen Faktoren zum Gelingen einer Liebesbeziehung ist. Bei massiven Konflikten und Belastungssituationen kann der Humor helfen, sie zu verkleinern und gleichsam abzufedern. Entscheidend ist vor allem der gemeinsame Humor, weil er ein untrüglicher Hinweis darauf ist, dass man eine ähnliche Wellenlänge hat. Wenn man also über die gleichen Ereignisse lachen kann, dieselben Witze mag und ähnliche Filme komisch findet, passt man zusammen.

Als ich meine zukünftige Frau kennenlernte, fragte ich sie nach allen möglichen Dingen, so zum Beispiel, was denn ihr Lieblings-Liebesfilm sei. Sie durchschaute natürlich meine psychologische Frage und wich dem ‚Durchleuchtet-Werden' aus, indem sie antwortete: „Der weiße Hai." Diese Antwort zeugte von einem so schrägen Humor, dass ich sofort wusste, dass wir kompatibel waren.

Der Wunsch nach einem humorvollen Partner

Liebesbeziehungen scheitern, wenn beiden der Humor vergeht. In der Verliebtheitsphase verflüchtigt sich der Humor nur vorübergehend, solange wir unsicher sind. Doch sobald wir uns wieder geliebt fühlen, blüht unsere Humorfähigkeit auf. Deshalb sind Verliebte fast immer am Lachen. Allerdings lässt dann der Humor bereits in der ersten – geradezu unvermeidlichen - Desillusionierungsphase erheblich nach. Und endgültig bleibt er auf der Strecke, wenn wir die großen Schlaglöcher des Lebens bewältigen müssen. Das sind Kinder, der Alltag, die Bewältigung des Haushalts. Diese Probleme haben die Eigenschaft, immer mehr zum gefühlten Mittelpunkt der Beziehung zu werden. Nur durch den Humor können wir sie verkleinern. Reagieren wir in Konflikten humorlos, machen wir aus jeder Fliege einen Elefanten und ruinieren damit jede Partnerschaft. Sozialwissenschaftler der Universität Texas stellten daher bei einer Untersuchung fest, es sei ein Zeichen für eine massive Entfremdung in der Ehe, wenn man nicht mehr gemeinsam lachen könne. [34]

Tatsächlich wünschen sich 73,3% aller Menschen, ihr Partner solle humorvoller reagieren. Einer der Befragten sagte: „Ich kenne doch meine Fehler, die muss mir meine Frau nicht immer so vorwurfsvoll präsentieren. Wenn sie humorvoll ist, bin ich viel eher bereit, ihre Wünsche zu erfüllen." Interessant war allerdings, dass nur 65,9% der Befragten davon ausgingen, dass sich ihr Partner mehr Humor wünschen würde.

Anregung: Bitte fragen Sie einmal Ihre Partnerin bzw. Ihren Partner, ob er/sie sich in manchen Situationen wünschen würde, dass Sie humorvoller reagieren.

Der notwendige Abstand

Offenbar schenkt uns die Liebe den Humor und ist zugleich auf den Humor angewiesen. Denn er verringert die unvermeidlichen Alltagsprobleme und wir gehen gelassener mit jenen Eigenheiten des Partners um, über die wir uns sonst ärgern. Doch dies ist nur möglich, wenn wir unsere Liebesbeziehung mit einem gewissen Abstand sehen. Dann erkennen wir, wie viele Abläufe sich wiederholen. Sie räumen die Wohnung auf und putzen und abends denkt Ihr Mann nicht daran, Sie zu loben. Er stellt nur fest: „Dort liegt noch etwas rum." Es wäre toll, wenn Sie dann mit den Worten loslachen würden: „Ich wusste es, ich wusste es, es ist wie im Film, das alte Drehbuch ist noch gültig..."

Oder wenn Ihr Mann schlecht gelaunt nach Hause kommt, wäre es vielleicht sinnvoll, Sie legen eine jener Schallplatten auf, die Sie gemeinsam mögen. Und dann tanzen Sie mit ihm lachend durch die Küche. Die Probleme sind dann zwar nicht weg, aber die Stimmung in der Beziehung ändert sich gravierend und so überwindet man jenen Teufelskreis von Empfindlichkeiten und Anschuldigungen, der oft eine Partnerschaft so sehr belasten kann.

Wenn Sie jedoch die Partnerschaft mit einer kleinen Distanz sehen, wird Ihnen auch auffallen, dass Sie viele Konfliktsituationen mit Komik beantworten könnten. Eine meiner Patientinnen hatte etwas zugenommen, ihre Kleider passten nicht mehr richtig und es war schwierig für sie, sich elegant anzuziehen. In dieser Situation äußerte ihr Mann - sie wollten in die Oper gehen - nur kurz und knapp: „Passt alles nicht." Solche kritischen Kommentare waren typisch für ihn. Deshalb zog sie sich aus, bis sie nur noch mit Slip und BH bekleidet war, setzte sich ihren neuen Hut auf und meinte: „So können wir gehen." Ihr Mann war verblüfft, aber er musste doch über diese souveräne Provokation lachen.

Wie werden wir selbst humorvoller?

Bei den meisten Konflikten in einer Liebesbeziehung schaukeln sich die Probleme hoch, weil keiner souverän reagiert. Das wurde mir in einer Schriftsteller-Gruppe klar, an der ich vor 15 Jahren teilnahm. Eine Schriftstellerin redete immer so zugespitzt über die Liebe und die Männer, dass wir uns schließlich eine Aufgabe stellten. Wir wollten unser gesamtes Liebes-Leben unter dem Aspekt der Komik beschreiben. Dies gelang mir zunächst recht gut, nur die Konflikte in meiner damaligen Partnerschaft fand ich nicht komisch. Mir fehlte der notwendige Abstand. Ich lernte also: Die Komik in unserer Partnerschaft können wir nur sehen, wenn wir eigenständig werden und gute Freundschaften pflegen, wenn wir über ein lebendiges Innenleben verfügen. Kurz gesagt: Wir brauchen eine innere Standfestigkeit. Sonst sind wir zu abhängig vom Partner und reagieren sehr empfindlich und gereizt, so dass der Humor auf der Strecke bleibt. Noch viel dramatischer verringert sich jedoch der Humor, wenn wir uns über den Partner lustig machen.

Ein kurzer Dialog in einer Ehe, in der beide kaum noch miteinander reden. Er fragt: „Was schreibst Du in Dein Tagebuch? Komme ich auch darin vor?“ Sie antwortet: „Nein, nur etwas Wichtiges.“

Ein wenig lustiger scheint zunächst die Bemerkung eines Ehemannes zu sein, der nachmittags mit seiner Frau ins Kino gehen möchte. Die Ehefrau freut sich darüber sehr und kündigt an, sie müsse sich nur noch umziehen. "Schön", sagt daraufhin der Ehemann, "ich bestelle Karten für die Spätvorstellung." Doch auch solche Bemerkungen dürften kaum die Stimmung verbessern.

Allerdings lockert es jede Liebesbeziehung auf, wenn wir den anderen necken und spielerisch mit seinen Eigenheiten umgehen. Und dies ist der Gegenstand vieler Sketche und Komödien. Beispielsweise gibt es eine neue Radio-Comedy mit dem Titel ‚Es lebe die Liebe‘: Ein Paar gerät regelmäßig in brenzlige Situationen und nimmt jedes Fettnäpfchen mit. Jeden Sonntag hört man also um 12.20 humorvolle Tipps für die Partnerschaft. Hier können wir erleichtert lachen, weil wir uns in den Situationen wiedererkennen. Hier haben wir jenen Abstand, der uns normalerweise in der Partnerschaft fehlt.

Der Teufelskreis

Durch den Humor können wir vor allem die alltäglichen Partnerschaftskonflikte entschärfen und regelrecht weglachen. Doch gleichzeitig müssen wir in einer Liebesbeziehung auch jene Bedingungen schaffen, die sich günstig auf den Humor auswirken. Die große Bedeutung des Humors in Paar-Konflikten darf nicht darüber hinwegtäuschen, dass er nicht unendlich belastbar ist. Dies bedeutet konkret: Wir müssen die zentralen Probleme der Liebe lösen, weil sie sonst auf Dauer die Partnerschaft zerstören und den Humor aufzehren. Allerdings beginnt genau hier das Problem. Denn meist wollen wir den Partner direkt ändern und er wehrt sich dagegen. Die Partnerschaft gerät so in eine Ohnmachtsfalle, der Humor bleibt auf der Strecke und ein Teufelskreis beginnt.

Der Engelskreis: Das Prinzip der indirekten Veränderung

Über 60% der Frauen würden gern ihren Mann ändern, 90% der Männer lehnen dies ab. Offenbar lässt sich ein Partner nicht direkt ändern, falls es sich um Kerneigenschaften handelt. Diese Eigenschaften will er nicht ändern, da sie für seine Persönlichkeit eine große Bedeutung besitzen. Und er reagiert geradezu stur, wenn seine Partnerin solche Veränderungen von ihm einfordert. Anhaltende und sehr humorlose Machtkämpfe sind dann fast unvermeidlich. Nach meiner Erfahrung ist hier der einzige Ausweg das wirkungsvolle Prinzip der indirekten Veränderung. Es bedeutet: Wenn ich mich ändere, ändert sich das gesamte System der Partnerschaft. MEFU - Meine Entwicklung für uns - nenne ich diese Vorgehensweise, die ich in der Therapie seit über 20 Jahren praktiziere und in meinem Buch ‚So gelingt die Liebe – auch wenn der Partner nicht perfekt ist' beschrieben habe. Über 90% der Partnerschaften lassen sich dadurch wesentlich verbessern. Aber es setzt voraus, dass wir uns selbst ändern, uns begreifen, eigene Ängste und Hemmungen überwinden. Durch unseren Entwicklungsschwung, durch unsere Selbständigkeit verändern wir dann das System der Partnerschaft, so dass sich bisherige Entwicklungsblockaden auflösen.

Um den humorlosen Teufelskreis aufzulösen, müssen wir aufhören, die Schuld zu sehr beim anderen zu suchen. Wir müssen vielmehr überlegen, warum wir manchmal so gekränkt und wütend sind. Fast immer liegen dem bereits Kränkungen in unserer Kindheit zugrunde, so dass wir emotional sehr aufgeladen und unsachlich reagieren. Zudem sind wir meist durch eigene Probleme in die partnerschaftliche Konfliktstimmung verstrickt. Erst wenn wir dies begreifen und seelisch abrüsten, sind wir bereit zum entspannten Humor. Wie wichtig dieser entspannte Humor ist, sehen wir bei Trennungen. Diese sind immer auch eine Folge eines Humor-Defizits. Denn wenn der gemeinsame Humor aufgrund von Machtkämpfen verloren geht, kommt es zu einer Entfremdung und schließlich einer Trennung, oft auch zu einem Seitensprung.

Wenn der Humor auf der Strecke bleibt

Einen Seitensprung des Partners empfinden wir als Katastrophe und kaum als komisch. Doch was uns massiv kränkt, was uns furchtbar ärgert und verunsichert, ist immer auch Gegenstand der Komik. Deshalb gibt es sehr viele Witze, die das Thema Untreue zum Inhalt haben. Wahrscheinlich wäre auch ich massiv gekränkt und könnte kaum schlafen, wenn ich feststellen müsste, betrogen worden zu sein. Dennoch enthält jeder Seitensprung Elemente der Komik. Da verhält sich ein Partner so konspirativ, als wäre er beim Geheimdienst, lässt nie das Handy liegen, trifft sich mit seiner Geliebten in einer anderen Stadt und wird natürlich trotzdem erwischt. Man kann nicht so blöd denken, wie das Leben spielt. Eine Patientin berichtete mir, sie habe nach einem Wasserrohrbruch ihren Mann anrufen wollen, der immer betont hatte, er müsse Überstunden machen. „Der müsste doch längst zuhause sein", teilte ihm ahnungslos seine Sekretärin mit.

Dein Pferd…

So gefiel mir auch folgender Untreue-Witz: Ein Paar ist schon 20 Jahre verheiratet und sie wird nachts wach, als er immer wieder „Sabine, Sabine" murmelt. Am nächsten Morgen fragt sie ihn, wer Sabine sei. Er wirkt betreten und verlegen, fasst sich dann aber schnell und beteuert, Sabine wäre das Pferd, auf das er bei dem heutigen Rennen gesetzt habe. Als er abends nach Hause kommt, fragt er seine Frau: „Gab es etwas Wichtiges?" – „Nein," – antwortet diese - „nur - Dein Pferd hat angerufen!"

Ich habe oft Frauen in Behandlung, die betrogen wurden. Am Ende der Behandlung erzähle ich ihnen immer diesen Witz: „Was ist der Unterschied zwischen einer Witwe und einer Ehefrau?“ – „Die Witwe weiß, wo ihr Mann liegt.“ Wenn sie darüber lachen können, spüre ich, dass sie den Seitensprung halbwegs aufarbeiten konnten.

Solche Witze haben die Funktion, eine unerträgliche Lebenssituation zu entschärfen. Der Witz-Ableiter hieß deshalb vor einiger Zeit ein erfolgreiches Buch. Und diese Funktion ist vor allem bei der Sexualität wichtig, die in fast jeder Partnerschaft problematisch werden kann. 85 % aller Witze behandeln daher das Thema Sexualität. Da hinter jedem Witz immer ein ungelöstes Problem, eine Krise steckt, wird deutlich, dass es trotz aller Freizügigkeit in Presse, Rundfunk und Fernsehen einen sexuellen Notstand gibt. Doch Witze helfen uns dann, die erotische Ohnmacht und Anspannung zu überwinden.

Das zeigt folgender Witz:

Eine Studie ergab, dass Liebespaare, die länger als 15 Jahre zusammenleben, den ausgefallenen Sex bevorzugen:

Montag ausgefallen, Dienstag ausgefallen, Mittwoch ausgefallen.

Ein Mann kann immer

Allerdings hat auch in längeren Beziehungen meist ein Partner ein größeres Verlangen und leidet an der erotischen Ebbe. Doch dann ist häufig die Situation dermaßen angespannt, dass eine Wiederbelebung der Sexualität sehr schwierig ist. Vor allem Männer werden leicht durch einen regelrechten Prüfungsdruck blockiert, weil sie unter Versagensängsten leiden. Deshalb haben in den letzten Jahren viele Männer bei mir eine Therapie begonnen, wenn sie eine Erektionsschwäche oder einen vorzeitigen Samenerguss nicht überwinden konnten. Immer fühlten sie sich als minderwertig, denn sie hatten den Anspruch, in jeder Situation zu funktionieren. Getreu dem alten Spruch: 'Ein Mann kann immer' - konnten sie ihre Störung nicht akzeptieren. Sie waren deshalb während der Sexualität immer so verspannt, dass es einfach nicht klappen konnte und sie in einen Teufelskreis von Versagens-Erwartungen und Erektionsstörung gerieten. Daher legte ich großen Wert darauf, dass sie lockerer mit ihrer sexuellen Problematik umgingen. Dazu gehörte insbesondere, dass sie die Vorstellung einer immerwährenden männlichen Potenz aufgaben und selbst mit ihrer Erektionsschwäche humorvoller umgehen konnten. Ich war deshalb froh, als mir ein Musikprofessor, der unter einem vorzeitigen Samenerguss litt, erzählte: „Sie hatten mir berichtet, dass jeder dritte Mann über fünfzig unter Erektionsproblemen leidet. Als ich im Orchester saß, zählte ich: Der mit der Posaune, mit dem Kontrabass, mit der Pauke… kannten demzufolge auch diese Problematik. Und als sie so auf die Pauke hauten bzw. in ihr Instrument bliesen, fand ich diesen Aspekt zu komisch. Plötzlich klappte es abends beim Sex."

Lust und lustig

Vor 20 Jahren hielt ich einen Vortrag mit dem Titel ‚Kann die Lust auch lustig sein?' Die Kollegen reagierten irritiert. Einer warf mir vor, ich würde die Lust nicht ernst nehmen und lächerlich machen. Doch kann die Sexualität nicht auch lustig sein, sollte man nicht auch im Bett herumalbern? Mir hat deshalb die Aussage von Margret Mead gefallen, die das Lachen mit einem Orgasmus verglichen hat. Insofern ist nicht zu verstehen, warum wir nicht auch während der Sexualität lachen sollten. Als ich diese Gedanken in meinem Freundeskreis vorstellte, widersprach mir allerdings eine gute Freundin: „Die Sexualität hat etwas mit Leidenschaft zu tun und dort enden die Komik und der Humor. Das ist nicht zum Lachen."

Nun werden wir sicherlich während des Orgasmus nicht unbedingt lachen, denn wenn wir zutiefst etwas für den Partner empfinden und ihm Zärtlichkeiten ins Ohr flüstern, finden wir dies nicht komisch. Wenn unsere Handlungen von einer großen Leidenschaft durchdrungen werden, ist der Humor fehl am Platze. Doch warum sollen wir nicht humorvoll sein, wenn wir uns miteinander wohlfühlen und vor Glück platzen könnten?

Unsere sexuellen Phantasien

Aber so richtig zum Lachen ist die Sexualität vor allem dann, wenn sie unfreiwillig komisch ist. Das war auch das Ergebnis der Studien von Nancy

Friday, die sich intensiv mit sexuellen Phantasien beschäftigt hat. Oft müssen wir über diese Phantasien schmunzeln. So beschreibt sie eine Frau, die bekennt: „Ich stellte mir früher immer vor, dass mein Mann Mick Jagger sei - bis zu der Nacht, als ich beim Höhepunkt unseres sexuellen Crescendos stöhnte: 'Oh Mick!'. Bis heute habe ich ihn nicht überzeugen können, dass 'Mick' nicht der Briefträger oder der Gasmann oder ein Vertreter ist!" [35]

Wenn der Sex einschläft

Gar nicht lachen können wir allerdings, wenn der Partner nicht mit uns schläft. In dieser Situation wäre es angebracht, dass wir ernsthaft über den Stand unserer Beziehung nachdenken und darüber reden. Schließlich ist es fast immer ein Zeichen für eine Partnerschaftskrise, wenn die Sexualität eingeschlafen ist. Aber oft gelingen solche Gespräche kaum, weil sie durch Kränkungen und Vorwürfe belastet werden. Dann können uns Witze helfen, uns mit der mitunter schwierigen Welt der Liebe zu arrangieren. So können wir über vieles lachen, auch wenn wir uns über den Partner ärgern und uns manches kränkt.

Das gibt sich

Am schönsten fand ich folgenden Witz, den ich bei einer Feier hörte. Eine 70jährige Dame - ihre Ehe war kaum noch lebendig - erzählte: Eine Tochter kommt zur Mutter und sagt: „Ich habe einen kennengelernt, der klaut." „Lass ihn bleiben", sagt die Mutter, „das wird schlimmer." Einige Wochen später kommt sie wieder zur Mutter und sagt: „Ich habe einen kennengelernt, der säuft." „Lass es bleiben, das wird schlimmer", sagt die Mutter erneut. Es kommt der Winter, der Frühling und nun kommt wieder die Tochter zur Mutter. Sie habe einen Mann kennengelernt, der ihr immer an die Wäsche gehen wolle. Er wolle mit ihr schlafen. „Oh" - entgegnet die Mutter, „den kannste nehmen, das gibt sich." Es war verblüffend, wie sehr sich die Lebenserfahrung dieser Frau in dem knappen Witz spiegelte. Und diese Frau lachte so herzhaft, dass all ihre Affekte, ihre Enttäuschungen, ihre gelegentliche Wut in diesem Gelächter enthalten waren.

Am allervernünftigsten ist es,
nicht allzu vernünftig sein zu wollen.
Viktor Frankl

Wo lernt man den Humor?

Die bisherigen Ausführungen haben gezeigt, dass humorvolle Menschen gesünder und glücklicher sind und länger leben. Und dieser Lebenshumor schützt uns nicht nur in den alltäglichen Krisen, sondern hält auch den Stürmen des Lebens stand. Er ist belastungsfähig, weil er tief in unserer Persönlichkeit verankert ist. Denn er beruht nicht auf einer Technik, sondern einer tiefen Überzeugung. Er ist nicht eine Methode, sondern das Ergebnis einer inneren Persönlichkeitsentwicklung. Deshalb meinte der Humorexperte Martin Grotjahn, Humor habe man erst, wenn man die sozialen Beziehungen gemeistert und eine friedliche Beziehung zu sich selbst hergestellt habe. Meist ist man dazu erst nach der Lebensmitte in der Lage und Joseph Wechsberg kommt daher zu dem Ergebnis, der Humor sei eine Angelegenheit des vorgerückten Alters. [36]

Humorschulen?

Doch wie kann man diesen tiefgründigen Humor erwerben? Zum Erlernen einer Fremdsprache belegen wir einen Kurs oder besuchen eine Fahrschule, um den Führerschein zu erlangen. Im Vergleich dazu ist das Verbessern des Humors erheblich schwieriger. Nun gibt es zwar Schulen des Humors. Schon vor fast 40 Jahren wurde in England ein Humorzentrum gegründet, das mit verschiedenen Scherzartikeln ausgestattet wurde. Mit Witzen und Karikaturen sollten die Besucher zum Lachen gebracht werden. Allerdings hatte dies mit Humor wenig zu tun und inzwischen ist von solchen Zentren kaum noch die Rede. Das mag auch mit der Schwierigkeit zusammenhängen, eine Schule des Humors zu gründen. Schließlich kommt es bei der Förderung des Humors immer darauf an, individuelle Entwicklungsprozesse anzuregen. Im Kollektiv einer Klasse lässt sich dies nur begrenzt vermitteln.

Psychotherapeuten als Experten des Humors

Nun ist die Entwicklung des Lebenshumors eine langwierige Aufgabe, bei der es vor allem darauf ankommt, mutiger zu werden und sich selbst zu finden. Manchmal ist es jedoch schwierig, diesen Weg allein zu gehen und es ist wichtig, wenn uns Freunde und Partner dabei unterstützen. Mitunter sind diese aber dabei überfordert und dann wenden Sie sich vielleicht an einen Coach oder einen Psychotherapeuten. Allerdings muss nicht jeder eine Therapie absolvieren, es gibt viele Menschen, die selbst ihren Weg durch das Anhören von Vorträgen, durch Bücher und Kurse finden. Aber die Psychotherapie ist sicher die intensivste Auseinandersetzung mit jenen inneren Kräften, die den Humor bremsen. Insofern sind Psychotherapeuten wichtige Experten des Lebenshumors. Deshalb will ich Ihnen zunächst mein therapeutisches Insiderwissen nahebringen, um Ihnen dann mein seit vielen Jahren praktiziertes Humorprogramm zu vermitteln.

Die humorlose Psychotherapie

In meiner psychotherapeutischen Arbeit spielt der Humor eine wesentliche Rolle und ich bringe meine Patienten gern zum Lachen. Ich sehe mich in der Tradition von Alfred Adler und Sigmund Freud, die sehr humorvolle Persönlichkeiten und begnadete Witzeerzähler waren. Doch ihre Nachfolger empfanden den Humor eher als unpassend und so schrieb 1971 Lawrence Kubie, Präsident einer psychologischen Vereinigung in den USA, die Psychotherapie sei der Ort, wo der Humor – wenn überhaupt – nur eine sehr eingeschränkte Rolle spielen sollte.

Aber diese Sichtweise hat sich inzwischen glücklicherweise geändert. Ich freue mich, wenn meine Patienten lachen und gelegentlich erzähle ich in passenden Situationen Witze oder verwende humorvolle Postkarten, die die Probleme und Schwierigkeiten meiner Patienten verdeutlichen und auf die Spitze treiben. Mitunter gebe ich den Patienten sogar völlig absurd wirkende Ratschläge, um sie zum Lachen zu bringen. Beispielsweise kam vor einigen Monaten ein Patient zu mir, der nachts unter Panikstörungen litt. Er hatte den Wunsch, ganz schnell von diesen Ängsten befreit zu werden. Er würde das nicht mehr aushalten und wolle in sehr kurzer Zeit geheilt werden. Ich sagte ihm: „Wenn die Ängste wieder auftreten, ziehen Sie sich bitte an und absolvieren folgendes Programm:

1. Laufen Sie bitte zwei Kilometer durch die Stadt.
2. Dann duschen Sie bitte kalt,
3. singen Sie bitte ein Weihnachtslied und
4. hüpfen wie ein Osterhase fünf Minuten durch das Zimmer."

Der Patient befolgte meine Ratschläge, obgleich er sie sehr merkwürdig fand. Nach einigen Tagen rief er mich an und meinte, das alles sei so absurd gewesen, er habe beim Singen des Weihnachtsliedes - alles spielte sich im Sommer ab - so lachen müssen, dass er nicht mehr auf seine Ängste achten konnte. Offenbar können solche absurden Interventionen ungeheuer hilfreich sein, auf die allerdings eine tiefere Aufarbeitung folgen sollte.

Anregung: Oft sind wir in einer Grübelfalle gefangen und finden keinen Ausweg. Könnten Sie sich vorstellen, diese Sackgasse durch völlig absurde Handlungen zu überwinden? Wenn ich früher unter Liebeskummer litt, sang ich gern auf dem Fahrrad den abgewandelten Schlager: „Erich, oh Erich, Dein Herz muss traurig sein, die Frau, die Du geliebt, ließ Dich allein." Laut singend fuhr ich dann abends durch die Laubenkolonien und erschreckte die Kaninchen. Angesichts der grinsenden Gartenzwerge empfand ich meinen Liebeskummer-Gesang als ziemlich komisch. Meine Sorgen wegblödeln, nannte ich daher meine Gesangskünste.

Das lustvolle Stottern

Fast alle meine Patienten haben Angst, sie könnten nicht ‚normal' sein. Einige sind sehr gehemmt, andere körperlich eingeschränkt, haben aber zugleich eine Vorstellung davon, wie sie sich verhalten müssten. Diese Vorstellung setzt sie jedoch so stark unter Druck, dass sie kaum in der Lage sind, halbwegs entspannt ein Bewerbungsgespräch zu führen oder sich mit einem potentiellen Partner zu treffen. Also entwickle ich gemeinsam mit meinen Patienten lustvolle Inszenierungen eben dieser bedrückenden oder gefürchteten Situationen. Ich fordere sie dann durch mein eigenes Vorbild auf, lustvoll zu stottern, unentwegt zu weinen oder zu hinken. Gemeinsam übertreiben wir so die tatsächlichen oder vermeintlichen Schwächen. Und plötzlich ist diesen Patienten das bisher schamhaft Erlebte nicht mehr peinlich, denn sie erkennen in ihrem Verhalten eine abgrundtiefe Komik, die ihnen fortan in solchen Situationen zum Bewusstsein kommt. Auf diese Weise bewerten sie Situationen neu und schreiben ihre inneren Drehbücher um. Ihr Humorpotential wird freigelegt und sie können mit Situationen wesentlich souveräner umgehen.

Der Mut zur Verrücktheit

Diese Auffassung entspricht den richtungsweisenden Darlegungen Viktor E. Frankls, der bereits vor dreißig Jahren schrieb: „Nichts lässt den Patienten von sich selbst so sehr distanzieren wie der Humor… Der Patient soll lernen, der Angst ins Gesicht zu sehen, ja ihr ins Gesicht zu lachen. Hierzu bedarf es eines Mutes zur Lächerlichkeit. Der Arzt darf sich nicht genieren, dem Patienten vorzusagen, ja vorzuspielen, was sich der Patient sagen soll…“ [37]

In jungen Jahren war mir diese humorvolle Vorgehensweise eher fremd. In der Therapie strebte ich es an, ein Vorbild zu werden, in meinen Phantasien wollte ich als Held in die Geschichte eingehen. Ich verstand daher nicht, warum mir mein Doktorvater sagte, der Therapeut müsse ein guter Clown sein.

Inzwischen kann ich mich selbst veralbern. Am witzigsten ist oft mein Ratschlag an meine Patienten (die oft unter massiven Perfektionswünschen leiden), sie sollten nicht versuchen, perfekt zu werden. Es gäbe nur einen einzigen Menschen auf der Welt, der perfekt sei, das sei ich. Meist stutzen sie dann kurze Zeit, um danach in ein befreiendes Gelächter auszubrechen. Dies schafft eine Stimmung in der Therapie, in der meine Patienten lernen, genau jenen Zustand herzustellen, vor dem sie sich fürchten. Bewusst stottern sie dann bei einer kleinen Gruppendarbietung oder sie blödeln so in einem Kaufhaus herum, dass alle auf sie aufmerksam werden. Heilend an dieser Vorgehensweise ist die Enttabuisierung, durch die es den Patienten möglich ist, auch über die eigenen Probleme zu lachen.

Dies war auch das Ziel des amerikanischen Psychotherapeuten Albert Ellis. Er riet seinen Patienten, sie sollten gar nicht erst versuchen, immer alles richtig zu machen. Vielmehr sollten sie gelegentlich einmal etwas völlig Absurdes tun. Sie sollten also beispielsweise zu einem Schuhmacher gehen und sich die Uhr reparieren lassen. Oder in einem Handwerkergeschäft nach einem Schraubenzieher für Linkshänder fragen. Das gelingt den meisten übrigens am leichtesten in einer Gruppe, weil wir uns unter ‚Gleichgesinnten' etwas ungehemmter fühlen.

Die höchste Form des Glücks sei ein Leben mit einem gewissen Grad an Verrücktheit - meinte bereits Erasmus von Rotterdam. Doch oft trauen wir uns nicht, unsere geheimen Wünsche auszuleben. Deshalb sagte Ödön von Horváth: „Eigentlich bin ich ganz anders, nur komme ich selten dazu." Sie finden nur zu sich selbst, wenn Sie den Mut aufbringen, unangepasst zu leben. Dann ist es Ihnen egal, dass man gelegentlich über Sie herzieht und schlecht über Sie redet. Denn nun sind Sie der Drehbuch-Schreiber Ihres Lebens und wissen selbst, was richtig und was falsch ist.

Anregung: Kommen Sie auch aus einer Familie, in der man sich immer fragte: Wie redet man über uns? Können Sie sich trotzdem vorstellen, einmal etwas völlig verrücktes zu tun? Was könnte das sein? Wie würden Sie leben, wenn Ihnen die Meinung der Umwelt egal wäre? Je jünger meine Patienten sind, desto eher fällt Ihnen etwas ein. Kinder und Jugendliche können sich wunderbar darüber amüsieren, eigensinnig und verrückt zu leben und auch für Sie könnte es sehr befreiend sein, einmal Ihre Phantasien umzusetzen. Denn dadurch hören Sie auf, nach jenen Vorstellungen der Gesellschaft zu leben, die Sie unaufhörlich einengen.

Der Mut zur Lächerlichkeit

Vor allem ältere Patienten finden es mitunter ‚blöd', in der Öffentlichkeit etwas Absurdes oder Verrücktes zu tun. Es ist für mich wichtig, auch diese Vorbehalte zu verstehen, weil darin die größte Kraft der Psychotherapie liegt. Schließlich ist es meine Aufgabe, den Lebensweg der Patienten und ihre gegenwärtigen Probleme zu begreifen. Erkannt zu werden, erlöst die Patienten aus dem Gefängnis seelischer Verstrickungen. Nach mehr als 35 Jahren psychotherapeutischer Arbeit bin ich noch immer fasziniert, wie lebendig Menschen werden, wenn sie sich wirklich verstanden fühlen. Denn so überwinden sie ihre Einsamkeit und erreichen jene Freiheit, die zu einer humorvollen Lebensweise führt. So gestärkt fällt es den Patienten auch leichter, mit den eigenen Schwächen umzugehen. Beispielsweise stellte sich eine Lehrerin einmal in der Grundschule vor die Klasse und meinte: „Ihr sollt ein O malen, schaut auf mich.“ Ihre Figur näherte sich diesem Buchstaben, da sie immer sehr gern gegessen hatte. Allerdings stimmt die Einschätzung von Hella von Sinnen, die einmal meinte: „Ich habe den Eindruck, dass Frauen lieber und besser über sich selbst lachen. Über die eigenen Schwächen und Unvollkommenheiten. Während Männer lieber über andere lachen.“ Doch für Männer wie für Frauen gilt: Es kann sehr befreiend für Sie sein, wenn Sie über vermeintliche Schwächen in Zukunft lachen und sich nicht mehr ärgern.

Anregung: Was ist Ihre gravierendste Schwäche und wie könnten Sie diese bei einem Vortrag präsentieren, dass alle darüber lachen?

Der größte Humorräuber: die Scham

Vielleicht zögern auch Sie, einmal unangepasst oder verrückt zu handeln. Vielleicht können Sie sich auch nicht vorstellen, über sich selbst zu lachen, wenn Ihnen ein Missgeschick passiert ist. Wahrscheinlich sind Ihre Lebensmuster zu sehr von der Angst vor Beschämung geprägt. Diese Scham und das schlechte Gewissen sind die größten Humorräuber. Sie bewirken, dass wir alles richtig machen wollen und immer angespannt sind. Nun ist Scham nicht etwas grundsätzlich Problematisches. Norbert Elias hat nachgewiesen, dass das Vorrücken der Schamschwelle wesentlich für die Kulturentwicklung war. Die verstärkte Schambereitschaft förderte das soziale, rücksichtsvolle Verhalten. Daher hat bereits Aristoteles die Scham als die Tugend des Feingefühls beschrieben.

Scham ist bedeutender als Sexualität

Doch das zunehmende Schamgefühl war auch belastend, weil es immer die Frage beinhaltete: Wie sehen mich andere? Meist war damit der Wunsch verbunden, sich zu verstecken. Darauf weist schon die Herkunft des Wortes ‚skem‘ hin, was so viel wie Verschwinden bedeutet. Unsere Lebendigkeit geht dabei völlig verloren und damit auch der Humor. Daher meinte der russische

Schauspieler und Dramatiker Leonid Karasev, die Scham wäre der negative Modus des Lachens.

Kaum etwas zerstört so sehr das eigene Selbstwertgefühl wie die Scham. Denn gegen äußere Kritik kann man sich wehren, doch bei der Scham sitzt der zerstörerische Feind in uns selbst. Wie vernichtend und verbreitet diese Scham ist, wusste auch Charlie Chaplin. Er meinte: „Anders als Freud glaube ich nicht, dass die Sexualität der wesentliche Antrieb unseres Lebens ist. Kälte, Hunger und Scham aus Armut sind geeigneter, unserer Psyche ihren Stempel aufzudrücken."

Scham-loses Verhalten?

Scham ist das am meisten tabuisierte Gefühl. Daher zeigen die meisten Menschen ihre Schamgefühle nicht, sondern kompensieren sie beispielsweise durch eine übertriebene Männlichkeit oder verstecken sie durch ein Vermeidungsverhalten. Scham verbirgt sich daher fast immer hinter allem, was man sich nicht traut.

Anregung: Wann kennen Sie Schamgefühle und wie gehen Sie damit um? Vermeiden Sie schambesetzte Situationen oder handeln Sie offensiv, um die Schamgefühle zu überspielen? Was löst bei Ihnen die stärksten Schamgefühle aus? Könnten Sie sich vorstellen, vor 1000 Menschen einen Vortrag zu halten, an einer Talk-Show teilzunehmen oder vor einer Hochzeitsgesellschaft zu tanzen?

Der prüfende Blick

Deutschland gehört zu den Kontrollgesellschaften, in denen schon in den Familien nachdrücklich vermittelt wird, wie man sich zu verhalten hat. So entsteht ein Dressurgewissen, das die lebendige Unbeschwertheit zerstört. Immer ist das Leben dann von der Angst bestimmt, die hochgesteckten Perfektionsideale nicht zu erfüllen. Daher leidet fast jeder von uns an einer stillen Schamproblematik. So haben wir oft Angst vor dem prüfenden Blick der anderen und befürchten, ausgelacht zu werden, wenn uns ein Fehler unterläuft.

Die Angst vor dem Ausgelachtwerden

Bei 12% der Bevölkerung tritt diese Problematik verstärkt auf, wir sprechen dann von der Golotophobie. Bei 5% der Bevölkerung gibt es sogar eine massive Angst davor, ausgelacht zu werden. So gibt es in fast jeder Klasse einen Schüler, der Außenseiter ist und verspottet und ausgelacht wird. Diese Angst vor dem Ausgelachtwerden ist allerdings in den stärker auf Konformität ausgerichteten Gesellschaften Ostasiens und des Nahen Ostens noch ausgeprägter. Demgegenüber besitzt man in Skandinavien und Südamerika ein eher positives Bild des Lachens.

Dick und Doof

Wer von einer solchen Angst betroffen ist, lebt nach dem Gesetz der Fehler-Vermeidung. Das gelingt natürlich nie und endet meist darin, dass man errötet oder in einem Vortrag plötzlich alles vergisst. Weil wir alles richtig machen wollen, geraten wir unfreiwillig in die Rolle eines Komikers. Weil wir perfekt sein wollen, werden wir immer steifer, unsere Bewegungen werden hölzerner. Aufgrund der hohen Stress-Spannung bestimmen Fehlleistungen wie sich-versprechen, stolpern usw. unser Leben. Schließlich befinden wir uns vollständig in der Rolle von Dick und Doof, die immer wieder an Kleinigkeiten scheiterten. Darwin bezeichnete deshalb die Scham als geistige Verwirrung.

Psychotherapie: Die Überwindung der Scham

Die Überwindung der Scham ist das Ziel des therapeutischen Humors. Michael Titze versteht darunter den gezielten Einsatz des Humors in der Psychotherapie. Ihm geht es darum, mit der heilenden Kraft des Lachens frühe Beschämungen zu heilen. Das setzt voraus, den verinnerlichten skeptischen Blick der Eltern und die Nichtbeachtung durch enge Bezugspersonen zu korrigieren. Denn meist entsteht die Scham durch soziale Ablehnungen. Titze arbeitet deshalb in Gruppen, die von einem therapeutischen Clown unterstützt werden, der als Hilfs-Ich fungiert und den Teilnehmern ein lustvoll unverschämtes Verhalten demonstriert. Dieser Clown verhält sich kindlich, er stolpert und lispelt, ist völlig unperfekt und freut sich an seiner eigenen Unbeholfenheit. Und so wird er ein Vorbild für ein unbekümmertes Verhalten, für die Lust am Scheitern und letztlich der eigenen Expansion.

Die vier Humor-Beschleuniger

Ich traf Michael Titze vor über 25 Jahren und tiefgründige Gespräche mit ihm und anderen Kollegen haben mir geholfen, mein eigenes Humorkonzept zu entwickeln. Im Laufe von Jahrzehnten wurde mir klar, dass die Entwicklung des Humors ein ganzheitlicher und langwieriger Prozess ist. Aber in der Praxis muss man die wirkungsvollen Hebel finden, die diese Entwicklung entscheidend beeinflussen und beschleunigen. Und so formte sich in vielen Jahren das Konzept der vier Humor-Beschleuniger heraus.

Humor-Beschleuniger 1: Das eigene Selbstbewusstsein

Unsere Fähigkeit zum Humor hängt immer davon ab, inwieweit wir uns selbst gefunden haben. Entscheidend hierbei ist eine intakte Selbstachtung. Deshalb forderte bereits Pythagoras, die eigene Selbstachtung zu bewahren. Um diese zu erforschen, sollten Sie sich vier Fragen stellen:

- Wie selbstbewusst oder wie unsicher sind Sie, wenn Sie von Freunden oder in der Partnerschaft kritisiert werden oder Misserfolge zu verkraften haben?
- Bekamen Sie in der Kindheit genügend Anerkennung und Zuwendung?
- Wie fühlten Sie sich als Kind und in der Jugend? Beginnen Sie eine Erinnerungsreise in die Kindheit, damit Sie spüren, wann Sie sich einsam, ängstlich und beschämt gefühlt haben.
- Und dann sollten Sie sich die Frage beantworten: Wie wirkt sich dies heute noch in der Gegenwart aus?

Diese Beschäftigung mit der eigenen Selbstachtung ist wichtig, denn meist vergeht uns der Humor, wenn wir unentwegt gekränkt werden. Dann haben Sie sich viele Tage, viele Monate angestrengt und bekommen trotzdem nicht jene Anerkennung, die Sie verdient hätten. Oder das ganze Leben ist eine Kränkung, weil sich die Realisierung der eigenen Projekte als ungemein schwierig erweist. Meist ist die Welt sehr versagend und wir sind auf ein stabiles Selbstwertgefühl angewiesen, um den Humor nicht zu verlieren. Zu Recht meinte daher Elisabeth Noelle-Neumann, sie habe ihren Humor nur behalten, weil sie sich nie abhängig gemacht habe vom Urteil anderer.

FAX von Elisabeth Noelle-Neumann

Antwort an Dr. Wolfgang Krüger
Zum Thema: „Wie haben Sie es in Ihrem wechselhaften Leben geschafft, Ihren Humor zu behalten?“

Als ich 17 Jahre alt war, Schülerin, reiste ich einmal von Göttingen, wo ich die Oberprima besuchte, nach Berlin, wo ich zu Hause war. Im D-Zuggang stehend, die draußen vorbeiziehende Landschaft betrachtend, dachte ich: „Wie gut, dass ich niemals von mir wegreisen muss.“

Ich glaube, da liegt der Schwerpunkt. Ich fühle mich wohl mit mir selbst, ich unterhalte mich gern mit mir, und ich lache gern – allein mit mir, aber auch mit anderen. Als ich vier Jahre mit Studenten-Unruhen an der Universität Mainz zu kämpfen hatte – 1969 bis 1973 – fand ich heraus, dass alle Anfeindungen, alle Aufregung, alle Boshaftigkeit, alle Aggressivitäten zusammenbrachen, wenn es mir gelang, die Studenten zum Lachen zu bringen und dafür dachte ich mir immer Neues aus und dann lachten wir alle zusammen.

Erasmus von Rotterdam wurde von seinen Zeitgenossen gescholten, er sei „ein Mensch für sich.“ Ich denke mir, sie meinten damit, zuerst spreche er mit sich selbst, zuerst versuche er, mit sich selbst ins Reine zu kommen, und dann erst zählte für ihn das Urteil der anderen über ihn.

Ich denke mir, auf Ihre Fragen werden viele antworten: „Ich habe meinen Humor behalten, weil ich mich nicht so wichtig genommen habe.“ Aber ich denke genau das Gegenteil: Ich habe mich nie abhängig gemacht von dem Urteil anderer über mich.

Ich glaube, daß ich so meinen Humor behalten habe.
17. Januar 1994 ENN/Ka

Das Lob der anderen

Dies Selbstwertgefühl entsteht in früher Kindheit durch das Leuchten in den Augen der Eltern, durch ihre Anerkennung, ihre Zuwendung. Fehlte jedoch ihre Bestätigung ergibt sich ein Defizit, das wir allerdings überwinden können, indem wir später von Mitmenschen jene wertschätzende Anerkennung bekommen, die wir in der Kindheit vermissten.

Anregung: Fragen Sie Ihre Partnerin oder Partner und vor allem Ihre besten Freunde: Was schätzt ihr an mir? Was sind meine drei guten Eigenschaften? Bitten Sie darum, dass man Ihnen diese Eigenschaften aufschreibt. Sie werden sehr gerührt sein über die Briefe, die Sie erhalten und diese immer wieder durchlesen. Denn die Anerkennung der anderen ist viel differenzierter als Ihre eigene Fähigkeit, sich zu loben. In einer Umfrage sagten mir 90%, sie würden sich als sozial, zuverlässig und hilfsbereit einschätzen. Diese Eigenschaften machen deutlich, was wir für andere tun. Aber in Wirklichkeit besteht der Wert Ihrer Persönlichkeit doch vor allem darin, was Sie selbst sind. Und das werden Ihnen die Antworten von Freunden und dem Partner widerspiegeln.

Eigenlob stinkt?

Doch diese Anerkennung können Sie nur annehmen, wenn Sie zugleich die in der Kindheit entstandenen Wertmuster reflektieren und infrage stellen. Meist wurde Ihnen vermittelt, dass Sie erst dann mit sich zufrieden sein durften, wenn Sie perfekt waren oder extrem viel geleistet hatten. Auf den Versuch, sich selbst anzuerkennen, sich selbst zu loben, folgte der Spruch: „Eigenlob stinkt." Aber ein gutes Ego ist wichtig, damit wir den Stürmen des Lebens standhalten können. Und deshalb sollten wir es auch lernen, positiv mit der Anerkennung anderer umzugehen. Denn wenn wir schon einmal Anerkennung bekommen - was ohnehin zu selten der Fall ist - wiegeln wir ab und überzeugen die Lobenden, dass mit uns nicht viel los sei. In den angelsächsischen Ländern beherrscht man die Technik des ‚Fishing for Compliments', bei dem humorvoll-negativ über sich selbst gesprochen wird. Die soziale Spielregel sieht vor, dass der Gesprächspartner dann umso intensiver unsere positiven Eigenschaften lobt. Doch bei uns stellen wir unsere positiven Eigenschaften so lange infrage, bis der Anerkennende schweigt.

Hören Sie damit auf und fragen Sie vielmehr nach, wie die Anerkennung gemeint war. Meist wissen Sie das nicht genau und es ist wichtig, dass Sie anschauliche Einzelheiten erfahren, die Sie verinnerlichen können. Ich nenne das immer humorvoll ‚Kühemelken', weil wir uns auf diese Weise jene seelische Nahrung holen, die wir immer entbehrt haben.

Durch diese Strategien baut sich allmählich ein Selbstbewusstsein in Ihnen auf. Lustvoll überwinden Sie schließlich die eigenen Hemmungen und sind in der Lage, Ihre Schamgefühle regelrecht wegzualbern. Nun können Sie auch über die Komik des eigenen Lebens, über Ihre Ungeschicklichkeiten und Schrulligkeiten lachen. Jetzt geht es nicht mehr um Perfektion, sondern um die Realisierung der eigenen Lebensprojekte und Sie nehmen vieles nicht mehr so persönlich und können sich auch selbst auf die Schippe nehmen.

Aber dabei bleibt der Kern der Selbstachtung intakt. Denn humorvolle Menschen sind durchaus stolz und – so Gregor Gysi - keineswegs bereit, sich lächerlich zu machen.

Humor-Beschleuniger 2: Die soziale Verankerung

Allerdings ist unser Selbstbewusstsein nicht nur auf eine gute Selbstbewertung, sondern immer auch auf ein stabiles soziales Fundament angewiesen, weil es sonst von zu viel Einsamkeit bedroht wird. Einsamkeit sei die Mutter aller Ängste, meinte schon vor 2000 Jahren der römische Moralist Syrus. Um unsere Humorkapazität zu erhöhen, sind wir daher auf verlässliche Sozialbeziehungen angewiesen. Intensivieren Sie also Ihre sozialen Bindungen. Achten Sie dabei aber nicht nur auf die Partnerschaft und die Herzensfreundschaften. Denn wir wissen, dass gerade die engen sozialen Bindungen so konfliktreich sein können, dass wir kaum in der Lage sind, humorvoll zu reagieren. Liebesbeziehungen sind manchmal anstrengend und auch in Freundschaften gibt es Situationen, über die wir uns ärgern. Es gibt in jeder intensiven Beziehung einen ‚Knochen', an dem man nagen muss. Deshalb sind soziale Netzwerke so wichtig, in denen wir nicht mehr von einem einzigen Men-

Partei des Demokratischen Sozialismus PDS Parteivorstand
Kleine Alexanderstr. 28, O-1020 Berlin

Dr. Gregor Gysi

Dr. Wolfgang Krüger
Krefelder Str. 20

10555 Berlin

Sehr geehrter Herr Dr. Krüger,

vielen Dank für Ihr Schreiben vom 30. August 1993. Für mich gab es immer nur einen Weg, meinen Humor zu bewahren. Stets habe ich versucht, die Sache sehr ernst, mich selber aber nicht so wahnsinnig wichtig zu nehmen. Nur über ein gewisses Maß an Selbstironie kann man sich seinen Humor bewahren. Erforderlich ist auch Realismus, um die Zahl von Enttäuschungen begrenzt zu halten. Wer sich mit seiner Unvollkommenheit abfindet, kann auch über sich selbst lachen. Wer nach Vollkommenheit strebt, wird vor Ehrgeiz und Wichtigtuerei diese Fähigkeit nicht erwerben bzw. bewahren können. Im übrigen sind nach meiner Erfahrung humorvolle Menschen durchaus stolz, das heißt keineswegs bereit, sich lächerlich zu machen.

Mit freundlichem Gruß

Gregor Gysi

schen abhängig sind. Vielmehr bauen wir dann ein soziales Dorf, indem wir Gruppen gründen, die von gemeinsamen Interessen geprägt sind. So gehe ich mit Freunden einmal im Monat ins Kino, zusammen sind wir in Flüchtlingsinitiativen tätig. Und dazu gehört auch die gute Nachbarschaft, die ich ständig im Sommer in einer Kleingartenkolonie erlebe.

In solchen sozialen Netzwerken ist man nicht mit jedem befreundet. Aber es ergibt sich ein Gefühl des Aufgehobenseins, indem man gleiche Interessen pflegt, gleiche Werte verwirklicht und wie in einem sozialen Dorf ein stabiles Gefühl der Zugehörigkeit empfindet.

Anregung: Gehören Sie einer größeren Gemeinschaft an oder pflegen Sie lieber Einzelfreundschaften? Überlegen Sie doch einmal, sich intensiver einer Gruppe anzuschließen: Einem Chor, Sportverein, einer Wandergruppe, einer politischen Initiative. Oder pflegen Sie Ihre Nachbarschaft. Als ich in das große Mietshaus einzog, in dem ich seit über 20 Jahren wohne, verteilte ich an die Mieter im Haus einen selbstgebackenen Pflaumenkuchen. Die meisten lade ich seitdem jedes Jahr zu meinem Geburtstag ein. Da ich mich für die Geschichte des Hauses und des Viertels interessierte, habe ich meine Recherchen in einer Schrift zusammengefasst, die ich allen Mietern schenkte. Dies hat das Gefühl der Zusammengehörigkeit im Haus sehr gestärkt. Insofern stimme ich der Erfahrung von Karlheinz Stockhausen zu, man müsse den Humor verschenken, um ihn zu behalten. Wie könnten Sie diese Idee umsetzen?

Humor-Beschleuniger 3: Die Lust der Überwindung

Wenn Sie ein gutes Selbstwertgefühl besitzen und ein soziales Netzwerk aufgebaut haben, verfügen Sie über jene Lebensbasis, die den Humor regelrecht aufblühen lässt. Denn jetzt liegt der Schwerpunkt des Lebens immer stärker in Ihnen und die Widrigkeiten des Lebens prallen eher an Ihnen ab. Sie werden nun nach der Überzeugung leben: Es hängt von mir ab. Und dann werden Sie spüren, dass eine verschüttete Eigenschaft wieder in Ihnen lebendig wird. Es ist die Lust an der sinnvollen Aktivität, die jedes Kind empfindet. Erik H. Erikson bezeichnet dies als die Werklust, denn Kinder wollen in diesem Alter etwas tun, etwas herstellen, ausprobieren und Fähigkeiten ent-

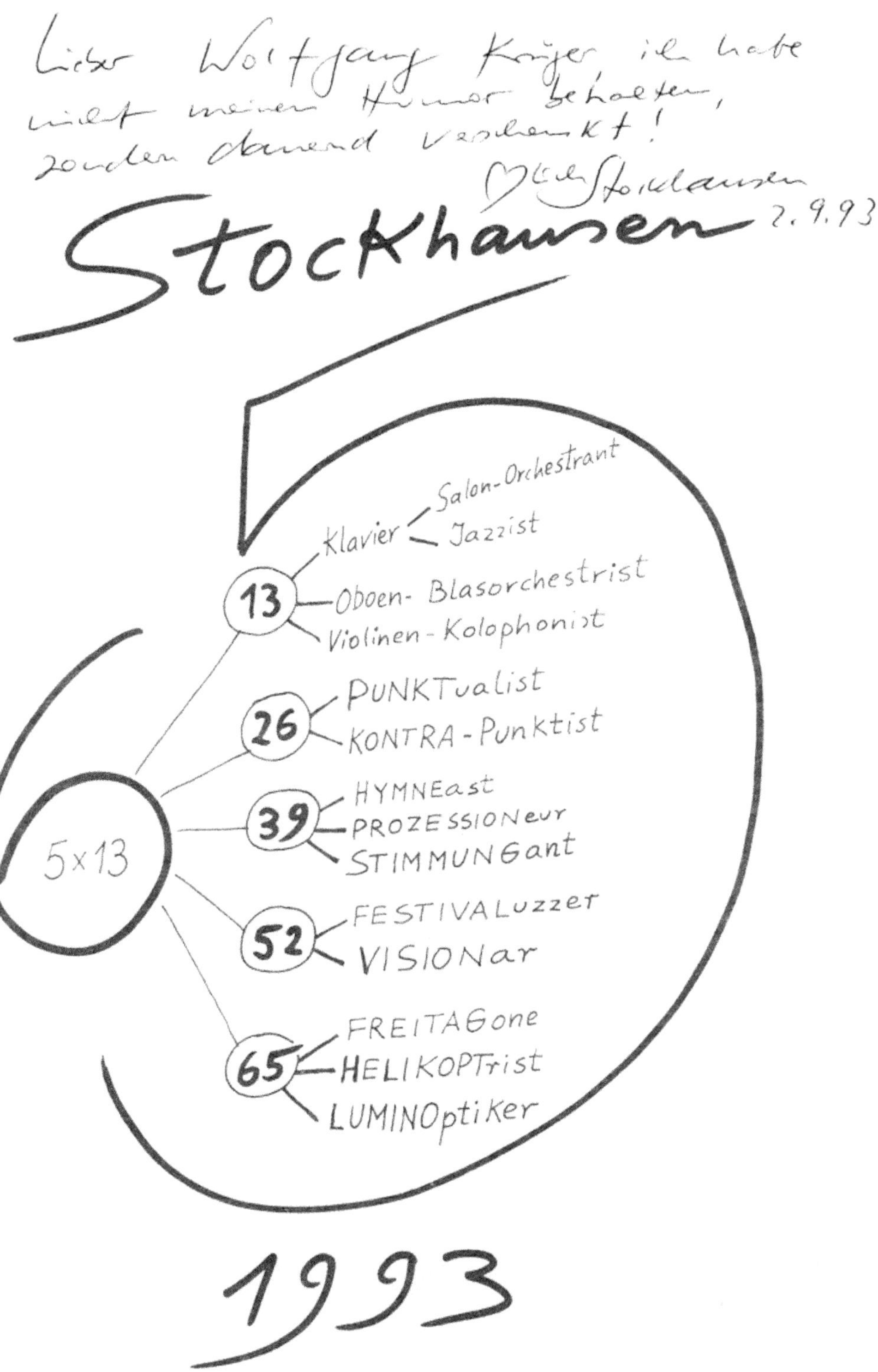
Lieber Wolfgang Krüger, ich habe
nicht meinen Humor behalten,
sondern dauernd verschenkt!
Herzlich Stockhausen
2.9.93
Stockhausen
Salon-Orchestrant
Klavier
Jazzist
13
Oboen- Blasorchestrist
Violinen-Kolophonist
26
PUNKTualist
KONTRA-Punktist
39
HYMNEast
PROZESSIONeur
STIMMUNGant
5×13
52
FESTIVALuzzer
VISIONar
65
FREITAGone
HELIKOPTrist
LUMINOptiker
1993

wickeln. Diese Werklust geht verloren, wenn Kinder zu sehr gedrängt oder überfordert werden, wenn sie Angst haben zu versagen und Anerkennung nur für Leistung erhalten. Deshalb ist es so entscheidend, dass Sie anstelle des ‚Ich muss' ein ‚Ich will' empfinden und nun wieder zum Kraftzentrum Ihres Lebens werden. Ich kann, weil ich will, was ich muss – sagte Kant. Diese Einstellung ist die Grundlage für ein humorvolles Leben.

Anregung: Beobachten Sie einmal kleine Kinder. Sie haben noch diesen Drang nach Bewegung und teilen uns häufig mit: „Will alleine." Sie versuchen zu laufen, fallen immer wieder hin, rappeln sich auf und sind unendlich stolz, wenn sie zum ersten Mal auf eigenen Beinen stehen. Diese Lust an Bewegung, an Überwindung sollten Sie sich von den Kindern abschauen, indem Sie sich jenen fünf Aufgaben zuwenden, die Sie schon lange hinausgezögert haben. Vielleicht räumen Sie Ihre Wohnung auf oder Sie absolvieren einen Tauchkurs, Sie schreiben ein Buch oder nehmen ab. Sie werden erstaunt sein, wie erleichtert und schwungvoll Sie hinterher sind.

Humor-Beschleuniger 4: Das achtsame Leben

Meine humorvolle Großmutter hatte eine Lebensdevise: Sie arbeitete gern und erledigte immer frühmorgens alles, was unangenehm und schwer war. „Dann wird der Tag immer schöner" – vermittelte sie mir. Anschließend kümmerte sie sich um ihren Garten, um sich nach einigen Stunden auf die Bank zu setzen und voller Behagen ihr grünes Paradies betrachtend in sich aufzunehmen. Sie verlangsamte, kam zu sich und war eins mit sich und der Welt. Auch Sie sollten lernen, immer wieder innezuhalten und sich achtsam zu spüren - Ihren Atem, Ihren Herzschlag, Ihren Körper. Hilfreich fand ich die Aussage von Christian Morgenstern, der einmal schrieb: „Ruhe im Innern, Ruhe im Äußeren. Wieder Atem holen lernen, das ist es."

Und Sie sollten auch auf die kleinen Begebenheiten achten, die Sie sonst nie wahrnehmen. Sehr bewusst schmecken Sie dann das Essen, Sie riechen die Luft, nehmen den Wind wahr. Sie verlangsamen und begreifen sehr sinnlich, dass der Mittelpunkt Ihres Lebens in Ihnen selbst liegt. Lauschen Sie daher gelegentlich auf die eigene innere Stimme, indem Sie den Hinweis von Hermann Hesse beherzigen: „Höret auf die Stimme, die aus euch selber kommt."

Anregung: Richten Sie sich bitte Zeitinseln ein, in denen Sie zur Ruhe kommen. Gibt es irgendwo einen Platz, an dem Sie ungestört sind? Möglicherweise verbringen Sie einige Tage in der Natur oder einer einsamen Berghütte. Suchen Sie also das Gespräch mit sich selbst, denn das ist die wichtigste Beziehung im Leben, die Sie intensiv pflegen müssen.

Die Gestaltungskraft

Bitte beschäftigen Sie sich einige Wochen intensiv mit den vier Humorbeschleunigern: Selbstbewusstsein, soziale Beziehungen, der Lust an Überwindung und Achtsamkeit.

Zunehmend werden Sie dann spüren, wie Ihr Leben an Intensität gewinnt. Denn nun überwinden Sie die alltägliche Stagnation. Es gehört zu unserer Überlebensstrategie, dass wir uns an die Realität des Lebens anpassen, so dass unsere Gefühle verflachen. Schließlich haben wir den Eindruck, dass wir gelebt werden, dass wir ein kleines Schräubchen im großen Weltengetriebe sind. Doch nun stärken Sie Ihre inneren Kräfte, Ihr Leben gewinnt wieder an emotionaler Intensität und Sie entwickeln eine vitale, schöpferische Kraft. Sie wissen, wer Sie sind und empfinden sich zunehmend als Gestalter Ihres Schicksals. Dies ist die unverzichtbare Basis für die Entfaltung des Humors.

Die Intensivierung

Um diese Gestaltungskraft noch ein wenig zu vertiefen, möchte ich Ihnen drei Fragen stellen:

- Was würden Sie noch unbedingt erleben wollen, wenn Sie wissen, dass Sie nur noch fünf Jahre leben?
- Stellen Sie sich vor, Sie sind 90 Jahre alt und blicken auf ihr Leben zurück. Was wäre für Sie so wichtig, dass man es unbedingt in einer Geburtstagsrede erwähnen sollte?
- Was wird vermutlich der schönste Moment des Lebens gewesen sein?

Das Fest des Lebens

Es ist ein aufregender, mitunter langwieriger Weg, die eigenen Gefühle intensiv zu spüren und seine Selbstachtung zu finden. Aber ich bin immer wieder beeindruckt, wie lustvoll, wie unbekümmert Patienten lachen können, wenn sie Hemmungen und Ängste überwinden und zum Gestalter ihres Lebens werden. Lachend springen sie manchmal die Treppe hinab, weil sie sich so befreit fühlen. Insofern kann eine Psychotherapie zu einem Fest des lebendigen Humors werden. Und dieser Humor hilft uns tatsächlich, auch die schweren Stunden des Lebens, die großen Krisen zu bestehen. Dann bewahrheitet sich die Erkenntnis des Malers Anselm Feuerbach, dass uns der Humor hilft, Abgründe zu überwinden.

Unsere schnelllebige Zeit

„Ich finde es mutig, dass Du in dieser schnelllebigen Zeit ein solches Konzept anbietest. Es kann wirken, weil Du die inneren Grundlagen des Humors erklärst. Und Du bist so ehrlich und seriös, dass Du den Lesern sagst, dass es Monate – vielleicht sogar Jahre - dauert… Du bist wahnsinnig.“ – lobte mich fast ein wenig warnend ein guter Freund. Ich entgegnete ihm, mir sei durchaus bewusst, dass mein Konzept ungewöhnlich sei. Aber nach 100 Tagen könne man deutlich die ersten Erfolge spüren. Und diese 100 Tage sind erforderlich, denn der Humor entsteht letztlich nur auf einer stabilen Lebensbasis, um die man mit einiger Ausdauer ringen muss. Deshalb schrieb mir auch der Schriftsteller Adolf Muschg, dafür sei die anspruchsvollste Chemie erforderlich. Man müsse zu denken wagen, dass die Schöpfung einschließlich des Leids eine emorm humoristische Veranstaltung sei. Erst dann geraten wir schließlich in einen Zustand umfassender Heiterkeit.

Dieser Zustand wurde von vielen Philosophen sehr ähnlich beschrieben. Für Friedrich Nietzsche war es die Unschuld des Werdens, die wir erreichen, nachdem wir uns mit allen Fasern unseres Leibes abgemüht und gekämpft haben. Dann werden wir humorvoll-unbekümmert und unser Leben wird gelegentlich sogar spielerisch.

Kann man denn nicht auch
lachend sehr ernsthaftig sein?
Gotthold Ephraim Lessing

Ist Humor immer angebracht?

„Ja - toll, jetzt weiß ich, wie ich mir diesen Lebenshumor erkämpfen kann. Aber ist es überhaupt angebracht, immer humorvoll zu sein?“ - fragte mich ein Freund, der schwer erkrankt war. Ich zögerte mit einer Antwort, denn wir erleben häufig Situationen, in denen wir nicht humorvoll sein können und wollen. Noch vor 50 Jahren hatte man zwar fast den Eindruck, als könne und müsse man über alles lachen. Als könnten wir alles mühelos abstreifen, was uns ängstigt, kränkt und belastet. Als wären wir eine Teflon-Persönlichkeit, an der nichts haften bleibt. Doch es gibt Situationen, die uns überfordern, verunsichern und massiv kränken und dann sind Gefühle von Angst, Ärger, Wut und Trauer berechtigt und wichtig. Deshalb empfand ich die skeptische Frage des Freundes als angebracht. Und tatsächlich fühle ich oft, dass der Humor nicht passend und sogar problematisch ist.

Beispielsweise erlebe ich häufig in der Therapie, dass Patienten mit ihrem Humor gravierende Probleme überspielen. Sie lachen, sehen eine Komik in den unpassendsten Situationen und wehren damit die eigene Betroffenheit ab. Deshalb bekannte einmal ein Patient von Carl Rogers in einem Therapiegespräch: „Ich habe mich mein Leben lang hinter Humor verschanzt; wahrscheinlich ist das nicht ganz das richtige, wenn ich versuchen will, mich selbst zu sehen.“ Ohne diesen Humor fühle er sich nackt und wehrlos. Doch er möchte lernen, auf diese oberflächliche Art des Humors zu verzichten, um ernsthaft über Probleme nachdenken zu können. [38]

Tiefgründiger Humor ist auch ernst

Tatsächlich ist ein tiefgründiger Humor nur denkbar, wenn man die Fähigkeit für einen tiefen Ernst aufbringt. Insofern sagte auch Kant: „Nur wer das Leben ernst, bitter ernst nimmt, hat auch wirklich Humor.“

Diese Anschauung bestätigte der bekannte Skispringer Jens Weißflog, als ich ihn nach seinem Humor befragte. Nachdrücklich stellte er fest: „Ich kann mir den Humor nur erhalten, wenn dem gegenüber auch eine gewisse Ernsthaftigkeit steht. Nämlich, wenn ich nicht alles lächerlich finde. Auch aus Respekt dem Menschen gegenüber oder um der jeweiligen Situation angemessen zu sein und nicht anmaßend. Es kam mir auch nicht in den Sinn, in der Niederlage oder im Misserfolg lächelnd in die Kamera zu schauen, wie das heute viele tun… Meinen Humor finde ich, wenn ich dazu Lust habe und die Situation passt."

Merkwürdige Witze

Jeder von uns hat seine persönliche Gleichung, die darüber bestimmt, ob wir über eine Situation lachen können oder eher ernst bleiben. Vor allem bei Witzen machte ich die Erfahrung, dass einige lachen mussten, während sie von anderen abgelehnt wurden. Nicht jeder fand beispielsweise jene Witze komisch, die in der EMMA zwischen 1995 - 1999 abgedruckt wurden. Sie waren eine Reaktion der Emma auf die fast alltägliche Unterdrückung von Frauen durch Männer. Eine Auswahl:

In welcher Zeitung steht: „Mann warf seine Frau aus dem Fenster?" In der Bild-Zeitung. Und in welcher Zeitung steht: „Frau warf ihren Mann aus dem Fenster?" „In ‚Schöner Wohnen'."

Was ist der Unterschied zwischen einer Krawatte und einem Kuhschwanz? Der Kuhschwanz bedeckt das ganze Arschloch.

Diese Witze sind nicht unbedingt originell, aber viele Frauen mussten darüber lachen, weil in den Witzen die männlichen Täter zu Opfern wurden. Die Witze drehten die Machtverhältnisse um und waren deshalb befreiend.

Doch völlig geschmacklos sind jene Witze, die gegen elementare Wertvorstellungen verstoßen. So kann ich nicht über die Witze lachen, die den Anschlag auf das World Trade Center zum Inhalt haben.

Email von Jens Weißflog

Sehr geehrter Herr Dr. Krüger,

leider komme ich erst jetzt dazu, Ihnen zu antworten. Manchmal fehlt einfach die Muße, solch ein Thema aufzugreifen und in Worte zu fassen, zumal das Thema auch einen humorvollen Menschen voraussetzt.

Meine Gedanken zum Thema: Was ist eigentlich Humor? Laut Wikipedia ist es "die Begabung eines Menschen, der Unzulänglichkeit der Welt und der Menschen, den alltäglichen Schwierigkeiten und Missgeschicken mit heiterer Gelassenheit zu begegnen" oder im engeren Sinne... "wenn man trotzdem lacht." Nun gibt es bestimmt auch bei mir Themen, welchen man ein Lachen oder Lächeln abgewinnen kann. Situationen, welche eine gewisse Komik ausstrahlen. Z.B. Eddi the Eagle bei seinen ersten Skisprungversuchen. Aber muss man immer lachen? Sorry, aber dazu gehöre ich wahrscheinlich nicht.

Zumindest vergeht mir das Lachen, wenn sich Eddi the Eagle irgendwann überschlägt. Wo der Humor anfängt und wo er aufhört, ist gewissermaßen fließend im Übergang. Ich kann mir den Humor nur erhalten, wenn dem gegenüber auch eine gewisse Ernsthaftigkeit steht. Nämlich, wenn ich nicht alles lächerlich finde. Auch aus Respekt dem Menschen gegenüber oder um der jeweiligen Situation angemessen zu sein und nicht anmaßend. Es kam mir auch nicht in den Sinn, in der Niederlage oder im Misserfolg lächelnd in die Kamera zu schauen, wie das heute viele tun. Wirkt ja auch viel sympathischer. Dazu habe ich den Sport eben viel zu ernsthaft betrieben. Ich hätte mich selbst betrogen, wäre ich bei dieser ganzen Schinderei im Training dem vielleicht doch nicht eintretenden Erfolg mit heiterer Gelassenheit begegnet. Spaß hat es trotzdem gemacht. Meinen Humor finde ich, wenn ich dazu Lust habe und die Situation passt. Eben nicht in jeder. Ihn zu behalten, benötigt für mich eher den Optimismus, die alltäglichen Schwierigkeiten und Missgeschicke zu meistern.
Mit freundlichen Grüßen und viel Erfolg

.

Jens Weißflog

Nicht immer sind Witze komisch, manchmal sind sie eher ärgerlich. Und auch Horst-Eberhard Richter schreibt, für ihn habe „der Humor eine Grenze, wenn er echte, wichtige Probleme entschärft und Spannung dort wegnimmt, wo er aller ernsten Energie bedarf, um ernsten Problemen engagiert zuleibe zu rücken."

Ist Humor auch schädlich?

Mitunter kann Humor sehr neurotisch sein und manchmal kann das Lachen sogar verhängnisvolle Wirkungen aufweisen. Beispielsweise haben Chirurgen oft Angst um Patienten, die vor einer schweren Operation sehr viel lachen. Denn wenn es nach einem Eingriff Komplikationen gibt, sind diese Patienten häufig völlig erschüttert. Damit haben sie mit ihrem heiteren Gemüt nicht gerechnet. Fast kindlich gingen sie davon aus, es könne ihnen nichts passieren. Es war ein Glauben an die eigene Unversehrtheit, der nun zusammenbricht. Deshalb gibt es auch einen schädlichen Humor, wenn dabei der Realitätssinn auf der Strecke bleibt.

Der flache Humor

Die Verleugnung der Realität ist besonders deutlich beim flachen Humor, bei dem immer über alles und jedes gelacht wird. Das Lachen dient dann der Verdrängung, weil man tragische Probleme nicht aushält. Das mag beispielsweise bei Krankenschwestern und Ärzten verständlich sein, die täglich mit dem Tod konfrontiert werden. Aber meist verdrängen sie dabei auch das eigene Lebensunglück, sie verlieren dadurch den Zugang zu ihrer persönlichen Verzweiflung, die sie dann nicht mehr aufheben können. Diese Verdrängung lässt den Humor verflachen. Tiefgründig ist der Humor erst, wenn wir auch die Dramatik und Tragik des Lebens anerkennen. Deshalb mag ich so sehr den Humor in dem Roman ‚Die Asche meiner Mutter' von Frank McCourt. Hungersnöte, Auswanderungen und Sterbefälle bestimmen das Zusammenleben und dennoch lacht man. Das Buch verfügt über eine abgrundtiefe Komik. Beispielsweise erfährt der Junge dieser autobiographischen Erinnerung, auf seinen Vater sei ein Kopfgeld ausgesetzt, weil er in der IRA gekämpft habe. Und nun schaut sich der Junge seinen Vater an: Sein

PROF.DR.DR. HORST-EBERHARD RICHTER

Sehr geehrter Herr Dr. Krüger,

erst jetzt komme ich dazu, über Ihren freundlichen Brief vom 24.8. etwas nachzudenken. Dazu fällt mir ein, daß ich mir seit meiner Jugend einen Spaß daraus mache, Karikaturen zu zeichnen. Zum Beispiel habe ich meine Theorie über Familientypen in Karikaturen dargestellt. Auch habe ich hunderte von langweiligen oder auch kämpferischen Sitzungen in Universitätsgremien nur ausgehalten, indem ich die Sitzungsteilnehmer und ihren Umgang miteinander satirisch dargestellt habe. Oft hat sich übrigens eine gespannte Atmosphäre gelockert, wenn ich meine Kritzeleien herumgehen ließ.

Auch als gesellschaftskritischer Autor schreibe ich hin und wieder eine Realsatire (z.B. "Die hohe Kunst der Korruption"). Manches Ärgerliche, was in der Politik geschieht, ist ja so verrückt, daß es schon wieder komisch ist oder von der komischen Seite überhaupt nur ertragen werden kann. So würde ich, wenn ich die geeignete Verbindung hätte, auch gern gelegentlich einen Kabarett-Text schreiben. Aber ich habe auch genau wie meine Frau viel Spaß daran, guten Kabarettisten zuzuhören - etwa Dieter Hildebrand oder Thomas Freytag.

Aber für uns hat Humor eine Grenze, wenn er echte, wichtige Probleme entschärft und Spannung dort wegnimmt, wo es aller ernsten Energie bedarf, um ernsten Problemen engagiert zuleibe zu rücken.

So habe ich meiner Satire "Die hohe Kunst der Korruption" als Motto einen Kurztext von Kirkegaard vorangestellt: "In einem Schauspielhaus fingen die Kulissen Feuer, der Bajazzo trat vor um das Publikum zu benachrichtigen. Man glaubte, es sei ein Witz, und applaudierte. Er wiederholte die Anzeige, man jubelte noch lauter, so, denke ich, wird die Welt unter allgemeinem Jubel witziger Köpfe zugrunde gehen, die da glauben, es sei ein Witz."

Mit freundlichem Gruß

(Prof.Dr.Dr.H.-E. Richter)

dünner werdendes Haar, seine verfaulenden Zähne und fragt sich, wer für solchen Kopf Geld ausgeben würde.

Das Recht auf Tragik

Zum Leben gehört auch die Tragik und so fordert Robinson in Aldous Huxleys Zukunftsroman ‚Schöne neue Welt' das Recht auf Leid und Schmerz. Er verwahrt sich gegen eine oberflächliche Welt und ist sich darüber bewusst, dass wir tiefe Gefühle nur empfinden können, wenn wir auch die negativen Seiten des Lebens akzeptieren. Deshalb müssen wir das Recht in Anspruch nehmen, nicht immer zu lachen und wir sollten uns auch nicht von anderen vorschreiben lassen, humorvoll zu reagieren.

Mit diesem Anspruch wurde eine der zahlreichen Frauen um Berthold Brecht konfrontiert. Ruth Berlau, die sowohl ein Arbeitsverhältnis als auch eine Liebesbeziehung mit Brecht pflegte, litt sehr unter ihrer Rolle als Geliebte und reagierte mit heftigen Eifersuchtsgefühlen. Sie war verzweifelt und fing an, Obstbranntwein zu trinken. Dies belastete Brecht und er riet ihr zum Humor, denn so sei sie immer, wenn sie ihm helfen wolle. Doch genau dazu war sie nicht in der Lage. Vergeblich versuchte sie zwar, etwas mehr Abstand zu Brecht herzustellen, aber er war ihre große Liebe. Schließlich zog sich auch Brecht zurück und nach seinem Tod erhielt sie sogar auf Betreiben von Helene Weigel ein Hausverbot im Berliner Ensemble. Sie starb in der Berliner Charité, nachdem ihr Bett durch eine Zigarette in Brand geriet.

Vielleicht hätte sich Ruth Berlau von Brecht lösen sollen. Vielleicht hätte sie dann ihren Humor wiedergefunden. Denn diesen Humor entwickeln wir nur, wenn wir uns selbst nicht verlieren. Wir müssen daher zu unserer emotionalen Betroffenheit stehen und dürfen Probleme nicht durch einen falschverstandenen Humor überspielen.

Humor entspannt

Es gibt offenbar viele Situationen, in denen der Humor nicht angebracht ist, aber meist ist er doch lebenswichtig. Denn er verhält sich wie die Zauberknete, die fest sein kann und hochspringt, wenn wir sie auf den Boden werfen.

Andererseits kann sie fast flüssig von der Hand tropfen, wenn wir sie kneten. Und so vielfältig ist auch der Humor. Er kann störend sein, aber in den meisten Konfliktsituationen ist er elementar wichtig. Sonst streitet man sich verbissen um jedes Briefmarkenalbum des verstorbenen Onkels oder ist so kämpferisch bei einer Scheidung, dass letztlich alle verlieren. Wenn ich an Eigentümerversammlungen teilnehme und in Vereinen aktiv bin, entspanne ich erst dann, wenn gelacht wird. Das relativiert die Probleme und Konflikte, da sich alle bewusst sind, dass es noch wichtigeres gibt als die gegenwärtigen Meinungsverschiedenheiten. Der Humor entspannt, er macht uns ein wenig demütig, weil wir dann wissen, dass diese Konflikte für die Erdumdrehung und den gesamten Verlauf des eigenen Lebens nicht sehr wichtig sind.

Darf man über alles Witze reißen?

Entscheidend für den Lebenshumor ist die Fähigkeit, die eigenen Ängste und Eitelkeiten aufs Korn nehmen. Ich bewundere es sehr, wenn Übergewichtige über ihre zahlreichen Pfunde lachen oder wenn sich ängstliche oder gehemmte Menschen über die eigenen Defizite lustig machen. Ich fand es beispielsweise bemerkenswert, wie ein stotternder Freund gern einen Witz erzählte, bei dem sich ein Stotterer für den Posten eines Moderators im Radio Vatikan bewirbt. Ein Bekannter fragt ihn schließlich, ob er genommen wurde. Lustvoll - bis an die Schmerzgrenze stotternd - entgegnet er: „Neiiin, iiich, neiiin, iich binn nn nnicht katholisch." Dieser Humor ist viel lustiger und heilsamer als jene Witze, bei denen wir über andere lachen. In solchen Witzen sind eher Aggression und Verachtung enthalten.

Humor von Tabu-Grenzen

Wirklich komisch sind Witze vor allem, wenn sie von den Betroffenen selbst stammen. Es gibt kaum Tabu-Grenzen, wenn marginalisierte und unterdrückte Gruppen wie Kranke, Behinderte, Farbige, Ausländer oder Schwule über sich selbst lachen können. Hier liegt oft eine Opfer-Problematik vor, die auch auf den Holocaust zutrifft. Kürzlich traf ich auf einer Geburtstagsfeier eine Freundin aus Israel. Sie lachte, als sie in unserer Laube das Mückengerät hörte, das die Mücken elektrisch grillte. „In Israel nennen wir das ‚Die Endlösung'…", kommentierte sie schmunzelnd. Durch ihre Heiterkeit fand ich diese Einschätzung komisch und war zugleich erschrocken. Kein Deutscher hätte dies so sagen dürfen, es wäre eine schreckliche Entgleisung. Doch sie als Jüdin verfügte über die Freiheit, auch darüber zu witzeln. Sie durfte das Tabu aufheben. Deshalb durfte auch nur der jüdische Schriftsteller Tabori die Frage nach dem kürzesten Witz in Deutschland stellen. Auschwitz – lautet seine Antwort.

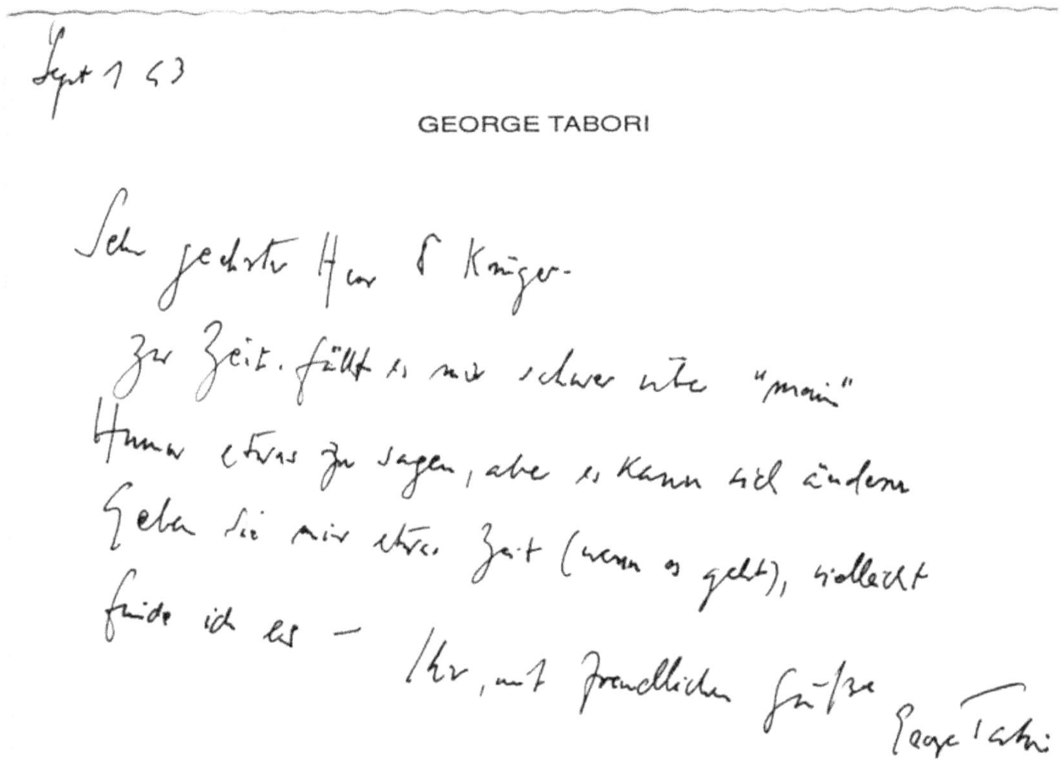
Sept 1 93

GEORGE TABORI

Sehr geehrter Herr Dr Krüger-

Zur Zeit fällt es mir schwer über "mein" Humor etwas zu sagen, aber es kann sich ändern. Geben Sie mir etwas Zeit (wenn es geht), vielleicht finde ich es –

Ihr, mit freundlichen Grüße

George Tabori

Mich berührte dieser Witz auch deshalb, weil wir oft keinen Humor nach traumatischen Ereignissen und bei körperlichen und seelischen Einschränkungen empfinden. Das wurde mir klar, als ich kürzlich einen Freund traf, der unter Parkinson leidet und mir einen Witz über seine Erkrankung erzählte:

Frage: „Was ist schlimmer: Parkinson oder Alzheimer?“
Antwort: „Es ist doch eigentlich egal, ob man sein Bier verschüttet oder ob man vergisst, wo man es abgestellt hat.“

Dann bat mich dieser Freund, ich möge ihm noch andere Witze über Parkinson zusenden. Bei YouTube wurde ich fündig und fand einen Witz, den Jürgen von der Lippe präsentierte:

Letztens sagt die Frau Schubert zu mir: „Herr von der Lippe, darf ich nach dem Essen beim Fernsehen wieder ihr Glied halten?“ Ich sag: „Nee, das hab ich schon der Frau Stegoweit versprochen.“ Sagt sie: „Was hat die Frau Stegoweit, was ich nicht habe?“ „Ich sage: Parkinson.“

Mein Freund fand den Witz nicht komisch, obgleich er sonst gegenüber allen Spielarten der Erotik und der Komik sehr aufgeschlossen ist. Aber diesen Witz fand er blöd.

Das verwunderte mich und ich wollte daher einen Selbstversuch unternehmen. Seit mehr als 40 Jahren plage ich mich mit einer Rückenerkrankung, die unter anderem bewirkt, dass ich meinen Kopf nicht mehr drehen kann. Ich fragte also meine Frau, ob sie einen Witz darüber kenne. Sie improvisierte: „Was steht in Italien und hat Bechterew?“ Antwort: „Der schiefe Turm von Pisa.“

So richtig komisch fand ich diesen Vergleich nicht und schrieb daher den Deutschen Verein für Morbus Bechterew an. Man antwortete mir: „…es gibt natürlich den einen oder anderen Witz auch über Morbus Bechterew, die aber nur im internen Kreis unter den Patienten erzählt werden.“ Man wolle mein Anliegen an die 500 Gruppensprecher weiterleiten. Doch dann teilte man mir im Oktober mit: „Leider sind bei uns keine Witze eingegangen…“ Das verwunderte mich, denn vor kurzem erzählte mir ein befreundeter Arzt, der lange Zeit Kleinwüchsige betreut hat, dass in ihrem Verein sehr gerne Witze erzählt werden. Ein Funktionär vertraute ihm bei Gelegenheit folgenden Witz an:

Wie nennt man einen Kleinwüchsigen mit 20 Kindern?
Antwort: Einen Fruchtzwerg

Diesen Witz fand ich sehr komisch, aber hat der Humor nicht dann eine Grenze, wenn unser Leben bedroht ist? Diese Frage musste ich mir stellen, als ein ärztlicher Kollege nach einem schweren Verkehrsunfall operiert werden musste. Wir waren entsetzt und ängstlich, komisch war das in keiner Weise. Doch nach dem ersten Hoffnungsschimmer konnten wir doch miteinander lachen.

Ich besuchte meinen Freund im Krankenhaus und eine große Narbe zog sich von seinem linken bis zu seinem rechten Ohr. Es war ihm deutlich anzusehen, dass sein Leben am seidenen Faden hing. „Wie geht es Dir?" – fragte ich ihn. Und er antwortete: „Na, ja... ich lebe noch und langsam stört mich das traurige Mitgefühl meiner Besucher, die oft anfangen zu weinen, wenn sie mich sehen." Ich versprach ihm, ihn eher aufzumuntern. Vor seiner Operation bezogen sich seine Sorgen vor allem auf seine anstrengende Tätigkeit als Oberarzt in einem Krankenhaus. Ich beruhigte ihn: „Mach Dir keine Gedanken, Du bekommst eine Rolle in allen zukünftigen Frankenstein-Filmen." Mein Freund stutzte kurz und brach dann in ein fast nicht endendes Lachen aus. Als wir anschließend durch die Gänge des Krankenhauses liefen, prustete er immer wieder los und die Krankenschwestern schauten uns verwundert an.

Angst, Verzweiflung und Humor

Selbst in einer lebensgefährlichen Situation kann man lachen. Das wurde mir klar, als ich mit sehr beklemmenden Gefühlen das Tagebuch der Anne Frank las, das sie im Alter von 13 Jahren begonnen hatte. Sie schildert dort die großen Ängste und Sorgen, unter denen die Familie Frank litt, die sich in einem Lagerhaus verstecken musste. Trotzdem lachte sie gern und oft und alberte mit ihrem Freund Peter herum. Sie schrieb: „Wir haben eine gemeinsame Liebhaberei, die uns viel Spaß macht: Wir verkleiden uns nämlich gern. Neulich kam er in einem viel zu engen Kleid von seiner Mutter, auf seinem Kopf thronte ein Damenhütchen. Ich erschien in seinem Anzug und seiner Mütze. Die Erwachsenen lachten sich halbtot, wir amüsierten uns nicht minder köstlich." [39]

Aber die Berichte über die Judenverfolgungen hingen wie eine dunkle Wolke über ihnen und so fragte sie sich gelegentlich, ob sie jemals wieder lachen und harmlos vergnügt sein könne. Allerdings meinte sie, es würde doch keinem nützen, wenn sie immer schwermütig wäre. Schließlich sei sie jung und stark und deshalb stellte sie fest: „Ich habe viel mitbekommen, eine glückliche Natur, Frohsinn und Kraft. Jeden Tag fühle ich, dass ich innerlich wachse, fühle die nahende Befreiung, dass die Natur so schön ist und die Menschen in meiner Umgebung so gut. Warum soll ich dann verzweifelt sein?“ [40] Nach der Invasion im Juni 1944 atmete die Familie auf und schöpfte Hoffnung. Doch am 4. August fiel die 'Grüne Polizei' ins Hinterhaus ein und brachte die Versteckten in ein Konzentrationslager. Anne starb im März 1945 im KZ Bergen-Belsen, zwei Monate vor der Befreiung Hollands.

Kein Happy-End

Das Tagebuch von Anne Frank las ich mit großer Bestürzung. Vielleicht hatte sie nur deshalb einen so großen Humor, weil sie die Hoffnung nicht aufgab. Dennoch müssen wir zur Kenntnis nehmen: Der Humor ist kein Allheilmittel, der ein Happy-End garantiert. Manchmal ist das Leben tragisch und brutal und der Humor kann dies nur abfedern und erträglicher machen. Aber vollständig ändern kann er es nicht immer. Und doch gibt es Grenzsituationen, in denen der Humor uns hilft, zu überleben. Dies wurde mir besonders deutlich, als ich mich mit Berichten über den Holocaust beschäftigte. Millionen Juden wurden in die Konzentrationslager verschleppt, erniedrigt und gefoltert. Jeder wusste, dass sein eigenes Leben extrem bedroht war. Was einen bisher stützte - der Beruf, eine Partnerschaft, die Familie und die gesellschaftliche Anerkennung – existierte nicht mehr. Und für die Bewacher waren die Inhaftierten eine Nummer, die man beliebig auslöschen konnte. Dennoch gab es auch dort Menschen, die zumindest zeitweise den Humor nicht verloren.

Galgenhumor im KZ

So schreibt Viktor E. Frankl in einem erschütternden Buch über seinen KZ-Aufenthalt, dass nach der Einlieferung in das Konzentrationslager all seine Illusionen zerrannen. Doch dann sei etwas Unerwartetes passiert. Er habe Galgenhumor entwickelt, „... natürlich nur für Sekunden oder Minuten. Auch der Humor ist eine Waffe der Seele im Kampf um ihre Selbsterhaltung. Ist es doch bekannt, dass der Humor wie kaum sonst etwas im menschlichen Dasein geeignet ist, Distanz zu schaffen und sich über die Situation zu stellen, wenn auch nur, wie gesagt, für Sekunden.“ [41]

Allerdings musste sich Viktor Frankl diesen Humor durch ein regelrechtes Programm erarbeiten: Einem Freund schlug er vor, täglich mindestens eine lustige Geschichte zu erfinden, die sich nach der Befreiung ereignen könnte. Der Freund war früher Chirurg und Frankl brachte ihm zum Lächeln, indem er ihm klarmachte, wie seine Gewohnheiten im Lager später sein Leben bestimmen könnten.

Immer wenn der Aufseher kam, ertönte der Ruf: ‚Bewegung' und man musste das Tempo beschleunigen. Und so würde er einmal im Operationssaal stehen und eine langwierige Magenoperation durchführen, bis dann der Ruf ertönt: „Bewegung, der Chefarzt kommt." Andere Kameraden erfanden drollige Zukunftsträume, indem sie prophezeiten, sie würden die Gastgeberin anbetteln, die Suppe von unten zu schöpfen. Dann würden ein paar Erbsen oder eine halbe Kartoffel im Teller schwimmen. Im KZ war das lebenswichtig. [42] Frankl überlebte das Konzentrationslager, aber seine Eltern, seine Frau und sein Bruder wurden ermordet.

Die weißen Handschuhe

Stimmt es Sie nicht nachdenklich, dass angesichts dieser Gräuel selbst in einem Konzentrationslager Humor möglich war? Relativiert das nicht unsere Sorgen? Ärgern wir uns nicht viel zu sehr über Nichtigkeiten? Wer in ein KZ verschleppt wurde, hatte Angst um das eigene Leben, oft litt man unter unerträglichen Schmerzen, weil die Füße erfroren waren und nicht mehr in die Schuhe passten. Man wurde gedemütigt und getreten und dennoch schafften es zumindest einige, immer wieder Situationen der Komik zu entdecken. Darüber berichtet auch die österreichische Widerstandskämpferin Lisa Fittko in ihrer Autobiographie: Sie musste gemeinsam mit ihrer Freundin heftig lachen, weil in dem Staub und dem Gedränge des Lagers kerzengerade eine bekannte antifaschistische Journalistin auf einem Strohhügel saß - mit weißen Handschuhen. Das sei dermaßen schräg und absurd und zugleich schön gewesen, dass sie sich einander - immer wenn sie mutlos waren - daran erinnerten und lachten. [43]

Für Lisa Fittko war es wichtig, ihre Sorgen mit einer Freundin zu teilen und dadurch den Hunger, den Schmutz und die Flöhe zu ertragen. Und sie konnten lachend ihre Angst vertreiben. So erinnerte sich später die Freundin: „…was es da alles Komisches gab in dieser grässlichen Lage, wie wir lachten, wir waren doch jung. … allein ist alles halb so komisch.“ [44]

Bringe mich zum Lachen

Vielleicht können auch wir in schrecklichen Situationen lachen, solange wir die Hoffnung noch nicht aufgegeben haben, zu überleben. Aber darf man selbst angesichts des Todes lachen? Mit dieser Frage war ich konfrontiert, als ein guter Freund von mir an einem nicht heilbaren Darmkrebs erkrankte. Ich besuchte ihn oft, rief ihn regelmäßig an und fragte ihn: „Was kann ich für Dich tun?“ Und er antwortete: „Es gibt so viele Frauen, die mich traurig anschauen, die mit mir leiden und mir die Hand drücken. Mein Bedarf an Mitgefühl ist gedeckt. Tue mir einen Gefallen, - bringe mich einmal am Tag zum Lachen. Erzähle mir jeden Tag einen guten Witz.“

Ich wurde also zum Witzexperten und zwei Monate lang brachte ich ihn auf diese Weise zum Lachen. Dann starb er. Auf der Beerdigung bedankte sich seine Schwester bei mir und meinte: „Sie haben ihm die letzten Monate, Wochen und Tage erträglich gemacht. Er hat gelacht, das waren die Momente, wo er spürte: Das Leben kann schön sein. Dafür hat er das alles ertragen…“ Allerdings kam nach der Beerdigung auch eine Kollegin auf mich zu und warf mir vor, ich hätte durch das Witzeerzählen den ernsthaften Sterbeprozess behindert.

Sterben und Lachen

Ich war entschieden anderer Meinung, denn erstens hat mich der Freund darum gebeten und zweitens sollte man manchmal die Angst vor dem Sterben weglachen. Deshalb wird auch im Hospiz gelacht und eine Pflegerin wurde von einem älteren Herrn, der von ihr mit Morphiumpflastern und Schmerzspritzen versorgte wurde, mit einem Scherz begrüßt: „Da kommt wieder die Schwester Rabiata, gleich klebt sie mir eine, und wenn das nicht genug ist, sticht sie auch noch zu.“ Auf diese Weise gelingt es mitunter selbst in einem Hospiz, den tragischen Momenten die Schwere zu nehmen. [45]

Lachen über den Tod

Zwei Ängste bestimmen unser Leben: Das innere Absterben durch Scham-Erlebnisse und der körperliche Tod. Unsere Sehnsucht nach einem Leben nach dem Tode zeugt von dieser Angst. Deshalb bewundern wir Menschen, die neben aller Verzweiflung so humorvoll mit ihrem unvermeidlichen Ende umgehen wie der Schriftsteller Wolfgang Herrndorf. Vor einigen Jahren beendete er sein Leben, nachdem ihm ein bösartiger Hirntumor unerträgliche Schmerzen bereitete. In seinem Blog, der den Krankheitsprozess begleitete, sinniert er beispielsweise über die Vorteile des Sterbens in jungen Jahren. Erster Vorteil: Man braucht keine Steuererklärung mehr zu machen. Zweiter Vorteil: Man muss nach dem Ableben der Eltern deren Wohnung nicht aufräumen.

Liege im Sterben

Auch zahlreiche Witze thematisieren den Tod, gerade weil wir ihn fürchten. Ein Beispiel:

Zweimal im Jahr schickt Tante Erna an ihre Verwandten ein Telegramm: „Ich liege im Sterben. Ihr müsst sofort kommen." Jedes Mal fährt der Onkel hin und trifft sie mit einer lächerlichen Krankheit an. Nachdem ihn erneut ein Telegramm erreicht, schreibt er zurück: „Liege auch im Sterben, treffen uns drüben."

Die verblüfften Verwandten

In meiner Praxis behandle ich viele Menschen, deren Lebenszeit sehr begrenzt ist. Bei ihnen ist beispielsweise Bauchspeicheldrüsenkrebs oder ein Gehirntumor diagnostiziert worden und sie wissen, dass sie nur noch einige Monate zu leben haben. Und trotzdem lachen sie mitunter bei dem Gedanken, wie verblüfft die Hinterbliebenen sein werden, wenn das Testament eröffnet wird. Sie stellen sich die langen Gesichter der Verwandtschaft vor, da sie fast nichts bekommen. Dieser Absturz von der großen Erwartung in das Nichts der leeren Kassen ist Komik. Deshalb schrieb der Sänger Ray Ellington einmal, er wolle folgenden letzten Willen verfassen: „Ich, Ray Ellington, habe, da im Vollbesitz meiner geistigen und körperlichen Kräfte, alles selber aufgebraucht.“ [46]

Die letzte Rede

Einer meiner todkranken Patientinnen war die diebische Freude nicht vergönnt, sich die enttäuschten Erben vorzustellen. Sie hatte überhaupt nichts zu vererben und ein Testament war überflüssig. Dennoch wollte sie am Ende ihres Lebens noch ein Zeichen setzen. Deshalb schrieb sie ihre Beerdigungsrede selbst. Sie schmunzelte und kicherte bei dem Gedanken, dass nach ihrem Ableben alle ihren Worten lauschen würden. Ich fand dies so faszinierend, dass auch ich beschlossen habe, meine letzte Rede selbst zu schreiben. Ich könnte darin die Gesamtschau meines Lebens schildern, wie sie meine Freunde noch nie gehört haben.

Ich könnte nicht ruhig sterben, wenn ich wüsste, dass ein bezahlter Redner engagiert würde. Zu viele grauenhafte Beerdigungsreden habe ich in den letzten Jahren erlebt, die unverkennbar nach einem festen Muster gestaltet waren. Die negativen Eigenschaften wurden dabei natürlich getilgt. Alle Trauergäste hatten zwar den schlecht gelaunten Familienvater, seine Wutattacken und Sauftouren noch in lebendiger Erinnerung, doch in den Worten des Pfarrers tauchte er als liebender Vater auf, der für alle ein gutes Wort hatte.

Lachen bei einer Beerdigung

Häufig entladen sich die widerstreitenden Gefühle der Trauernden beim Leichenschmaus. Lange wurde dies als problematisch angesehen. Das Lachen während und nach einer Beerdigung wurde früher als tiefe Störung des Gefühlslebens angesehen und als Parathymie bezeichnet. Eugen Bleuler war in den zwanziger Jahren sogar der Ansicht, dies sei eines der fünf grundsätzlichen Symptome der Schizophrenie. Offenbar sah man das Wechselbad der Gefühle zwischen Trauer und Lachen als krankhaft an. Und selbst der richtungsweisende Bindungstheoretiker John Bowlby wies noch vor dreißig Jahren darauf hin, dass eine Heiterkeit bei Beerdigungen ein „verräterisches Zeichen“ für eine seelische Störung sei.

Trauerforschung

Glücklicherweise hat man inzwischen erkannt, dass auch in der Trauerphase der Humor eine wichtige Bedeutung hat. So könne man Verluste schneller überwinden und sein eigenes Leben wiederfinden - meint John Bonanno, der Pionier der empirischen Trauerforschung. Seine Studien zeigen: Wer während der ersten Monate nach dem Tod des Lebenspartners gelegentlich lacht, ist anschließend seelisch erheblich gesünder.

Das Lachen nach einem schweren Verlust

Wenn wir einen schweren Verlust erleiden, wäre es auf Dauer kaum erträglich, unentwegt traurig zu sein. Intensiven Kummer und Schmerz können wir nur für kurze Zeit aushalten. Davon ist auch die Trauerbegleiterin Eva Terhorst überzeugt, deren Teilnehmer in Trauergruppen oft nach einigen Sitzungen lachend auf dem Boden liegen. [47]

Wie wichtig der Humor in der Trauerphase ist, zeigt sehr eindrücklich das Lebensdrama von Barbara Pachl-Eberhart, die mit einem Krankenhausclown verheiratet war. Durch einen Verkehrsunfall verlor sie an einem Tag ihren Mann und ihre beiden kleinen Kinder. Noch unter Schock stehend lud sie ihre Clownskollegen zu einem Abendessen ein. Dabei fiel ihr ein, dass das letzte Clownsstück ihres Mannes ‚Waldemars Kiste' hieß. So wollte sie auch den Sarg nennen und mit einem Schild versehen. Dies war die mit ihrem Mann gelebte Komik. Allerdings konnten ihre Clowns-Freunde nicht darüber lachen.

Kommt mit Nase…

Doch unbeirrt spürte sie, dass sie die Beerdigung, dass sie den Abschied von ihrer Familie auf ihre eigene Weise gestalten musste. Und so schrieb sie vor der Beerdigungsfeier an ihre Freunde: „Alle Clowns, die kommen - wenn ihr es schafft, kommt mit Nase, kommt im Kostüm … Alle anderen, kommt wie ihr möchtet. Wenn es euch ein Bedürfnis ist, kommt in schwarz, aber sonst bitte nicht. Zieht euch bunt an und lustig. Seid verrückt. Habt keine Hemmungen, das zu tun, wonach euch ist."

Tatsächlich kamen viele Clowns zur Beerdigung und sangen, aber zwei ältere Damen schienen sich über die Clowns-Szenerie auf dem Friedhof zu beschweren, auf dem es sonst so still zuging. Barbara Pachl-Eberhart hatte den helleren Weg des Trauerns gewählt und verstieß damit gegen zahlreiche Tabus. Aber es half ihr weiterzuleben. Zunächst war es zwar nur ein Existieren von Tag zu Tag und viele Freunde mussten sie unterstützen. Aber nach einem halben Jahr wurde ihr klar, dass sie wieder Verantwortung für ihr Leben übernehmen sollte. Sie schrieb den SPIEGEL-Bestseller ‚Vier minus drei' und verdeutlichte in einer ergreifenden Darstellung, wie sie den Weg in ein neues Leben fand. Inzwischen ist sie Lebens- und Sozialberaterin und Ehrenmitglied der Rote Nasen Clowndoctors.

Die lustigen Grabsteine

Im Allgemeinen ist die Begräbniskultur bei uns sehr steif und ernst. In anderen Kulturen wird auch auf dem Friedhof gefeiert, gesungen und getanzt. Doch in Westeuropa herrscht buchstäblich die Friedhofsruhe und besonders langweilig sind die Grabsteine. Vor einigen Jahrhunderten war man diesbezüglich unbefangener. So las ich im Dom von Bad Doberan einmal einen alten Grabspruch, den ich ins Hochdeutsch übertragen habe:

Hier ruht Rudolf Merkel
in seiner Jugend war er ein Ferkel
im Alter war er ein Schwein
Gott, was mag er bei Dir jetzt wohl sein?

Allerdings gibt es inzwischen alternative Bestatter, die es erlauben, dass man seine Urne selbst bemalt. Es gibt farbige, schrille Särge und das britische Unternehmen Crazy Coffins stellt sogar Särge in Flugzeugform, als Wikinger-Schiff und Rolls-Royce her.

Humor kann gefährlich sein

Man kann offenbar alles humorvoll inszenieren und über alles lachen, aber gelegentlich kann dies trotzdem gefährlich sein. Wie fatal ein falscher Humor sein kann, hat Kierkegaard durch eine kurze Geschichte gezeigt: „In einem

Schauspielhause geschah es, dass die Kulissen Feuer fingen, der Bajazzo trat vor, um das Publikum davon zu benachrichtigen. Man glaubte, es sei ein Witz, und applaudierte. Er wiederholte die Anzeige: man jubelte noch lauter. So, denke ich, wird die Welt unter allgemeinem Jubel witziger Köpfe zu Grunde gehen, die da glauben, es sei ein Witz.“ [48]

Der lachende Tod

Manchmal kann Humor lebensgefährlich sein, man kann sich sogar krank- oder totlachen. Tatsächlich war der ‚lachende Tod' bedrohlich, von dem 1957 und 1962 vor allem Frauen befallen wurden. Hierbei handelte es sich um Lachepidemien, die zunächst in einer Mädchenschule in einem Dorf am Viktoriasee in Tansania begannen. Weil immer wieder Lachattacken auftraten, musste man diese Schule für einige Monate schließen. Bei einer anderen Lachepidemie wurden die Personen unbeweglich und konnten nicht mehr reden und essen. Auch hier konnte das ansteckende Lachen nur gestoppt werden, indem man alle Personen absonderte.

Lachanfälle kennen wir bei uns vor allem in Schulklassen, in denen immer wieder einer anfängt loszuprusten, bis alle erschöpft sind. Doch dies Lachen ist eher lustvoll, auch wenn jeder seine untrainierten Bauchmuskeln spürt. Aber unangebracht ist das Lachen insbesondere nach komplizierten Nasenoperationen und Operationen im Bauchraum und vor allem auch nach Rippenbrüchen. Jede Bewegung tut dann weh und führt zu unerträglichen Schmerzen.

Als letztes Beispiel für lebensgefährliches Lachen sei daran erinnert, dass Lachen als Foltermethode schon in der Römerzeit eingesetzt wurde. Man strich die Füße mit Salz ein, Ziegen hätten daraufhin das Salz abgeleckt, was furchtbar gekitzelt habe. Der Gefolterte brach dann in ein unkontrollierbares Lachen aus. Dies gehörte jedoch zu den eher harmlosen Foltermethoden.

Humorlose Menschen sind gewalttätig.
Sie ziehen alles ins Ernste.
Ernst Ferstl

Humor ist die Grundlage unserer Demokratie

Wenn wir humorvoll sind, können wir das Leben auch als Spiel, als Komödie begreifen und milde lächeln. Diese Einstellung ist das beste Gegengewicht gegen den Fanatismus, der unsere humanistische Weltordnung bedroht. Denn der Fanatismus vereinfacht und strebt eine Ordnung an, die man nicht hinterfragen darf. Er ist Argumenten nicht zugänglich und wird von einem großen Pathos getragen. Pathos ist immer eine Verherrlichung des Großartigen und eine Verachtung der Schwäche und wirkt leider auf manchen attraktiver und stärker als die scheinbar wenig beeindruckende Demokratie. Sicher gibt es dabei unterschiedliche Formen des Fanatismus. Doch stets kann man ihn daran erkennen, dass er keinen Humor zulässt. Man darf ihn nicht belächeln, Komik ist nicht erlaubt, Witze können lebensgefährlich sein. Insofern ist der Humor nicht nur eines der wichtigsten Elemente demokratischen Lebens. Vielmehr hängt das Überleben unserer humanistischen Gesellschaftsordnung wesentlich davon ab, ob wir den Mut zum offensiven Humor aufbringen.

Humor ist eine Revolution

Der Fanatismus ist immer inhuman, weil seine Ideologien wichtiger sind als Menschen, weil Zweifel und Kritik letztlich verboten sind. Und die entschiedenste ‚Waffe' gegen diesen Fanatismus ist der antiautoritäre und subversive Humor, der sich jeder Ideologie verweigert. Denn Humor ist antidogmatisch und deshalb eine Provokation für autoritäre Systeme. So meinte bereits George Orwell, der Humor sei eine winzige Revolution. Er ist der Nagel, auf den sich der Würdenträger setzt, weil seine aufgeblasene Erhabenheit lächerlich gemacht wird. Insofern ist der Humor eine Frechheit, er hat etwas Aufrührerisches und ist zugleich so friedlich und pazifistisch. Schließlich ist der Humorist eher bescheiden und bodenständig. Er kennt die Grenzen der Welt - auch die eigenen – und weiß, dass es keine absoluten Wahrheiten gibt.

Lieber Gott, nimm es hin

Im Wettstreit unterschiedlicher Meinungen ist der Humorist ein Befreier, der Denkräume schafft. Dabei ist er mitunter auch ein ‚Blödler', der mit diebischer Freude Normen infrage stellt. Er empfindet eine tiefe Abneigung gegen den kulturellen Dressurprozess, gegen den normalen Wahnsinn der Wirklichkeit und setzt die Leichtigkeit des Lebens dagegen. Auf diese Weise kann der Humor die seelischen Bremsen lockern, er kann geistige Blockaden auflösen und beschäftigt sich gern mit den Lebensbereichen, in denen Tabus herrschen. Gegenstand des Humors sind daher in unserer Gesellschaft vor allem die Lust und die Triebe, die immer zu Einschränkungen und Denkverboten geführt haben. An deren Stelle bietet der Humor die Lust am Denken und Grenzüberschreitungen an. Letztlich entzieht sich der Humor den Regeln der Gesellschaft, über die er sich lustig macht. Dabei bedient er sich, wenn er die Kirche angreift, mitunter den Formen des Gebets. So heißt es in einem Gedicht von Robert Gernhardt:

Lieber Gott, nimm es hin,
dass ich was Besond'res bin.
Und gib ruhig einmal zu,
dass ich klüger bin als du.

Humor entlarvt und veralbert gerade das, was anderen heilig ist. Und das gelingt vor allem dann besonders gut, wenn sich als leer entpuppt, was gesellschaftlich akzeptiert ist und bewundert wird. Daraus ergibt sich - so Robert Gernhardt - eine besonders gute Fallhöhe. Dann lacht man, weil man die Differenz zwischen den angestrebten Werten und der Wirklichkeit sehr intensiv empfindet. Dies habe ich vor Jahrzehnten selbst in einer Therapiebewegung erlebt, die damals den Anspruch hatte, die Welt zu erobern. Am Ende eines Halbjahres wurden die großen Fortschritte dieser Bewegung hervorgehoben und der Leiter schloss voller Pathos mit den Goetheworten: „Von hier und heute geht eine neue Epoche der Weltgeschichte aus, und ihr könnt sagen, ihr seid dabei gewesen." Die Stimmung war feierlich und alle badeten in dem Gefühl des Auserwähltseins, als ein Tisch zusammenbrach, auf dem mehrere Teilnehmer saßen. Während unseres geistigen Höhenfluges versagte die schnöde Materie ihren Dienst. Diese Kluft zwischen unseren hohen Zielen und der nüchternen Realität war so unfreiwillig komisch, dass alle in ein befreiendes Lachen ausbrachen.

Der Gruppennarr

Ob eine Gruppe jedoch wirklich über eine humorvolle Souveränität verfügt, zeigt sich nicht nur in einzelnen Situationen, sondern vor allem daran, ob man einen Hofnarren erträgt. Dieser hatte im Mittelalter als Einziger das Privileg, sich über den Herrscher lustig machen zu dürfen. Doch es gab diese Narren auch als umherziehende Spaßmacher. Zu ihnen gehörte Till Eulenspiegel, der später mit einer Narrenkappe dargestellt wurde. Seine Streiche bestanden oft darin, dass er scheinbar begriffsstutzig Redewendungen wörtlich nahm. Auch heute gibt es bei der Fastnacht und dem Karneval ein institutionalisiertes Narrentum, bei dem vieles erlaubt ist, was sonst Anstoß erregen würde.

Die Frauenbewegung

In institutionellen Bewegungen sind heutzutage Frauen wesentlich humorvoller als Männer. So ist es nicht ungewöhnlich, dass in dem von Alice Schwarzer herausgegebenen Buch 'So fing es an!' sogar die Frauenbewegung nicht verschont wird. Respektlos und humorvoll-ironisch werden die wichtigsten ‚Frauentypen' der Bewegung auf die Schippe genommen. Gekonnt macht sich Vera Slupic über die postpubertäre Jungakademikerin lustig: „Sie bildet die absolute Mehrheit der Frauenbewegung, ist zwischen 20 und 28 Jahre alt, mit labiler sexueller Orientierung ausgestattet … Sie liebt wärmende Gruppen und erschütternde kollektive Erlebnisse, ist auf der Suche nach Charisma und liebäugelt insgeheim mit der Psychoanalyse."

Und selbst 'die da oben' werden nicht ausgespart. Über den Typ der hartgesottenen Gründerin und Organisatorin wird gelästert: Sie habe immer beide Hände „voll im Elend, wenn auch im Elend anderer Leute. Aber, schließlich hat auch sie abgetrieben, obwohl sie ein recht ruhiges Privatleben führt… Sie ist so empfindlich wie alle Politiker und … verfügt über die Persönlichkeitsstruktur eines Kleinunternehmers..." [49]

Die Klatschmaschine

Gemeinsam über die eigene Gruppe zu lachen, ist das Korrektiv für soziale Eitelkeiten, wenn sich alle zu wichtig nehmen. Sonst entstehen heilige Kühe, es gibt Werte und Normen, die nicht mehr hinterfragt werden dürfen. Jede Form des Lächerlichmachens ist dann ein Tabubruch, der von der Gruppe bestraft wird muss. Das spürte auch ein junger, etwas querköpfiger Installateur, der früher einer sozialistischen Partei der BRD angehörte. Dort störte er sich sehr daran, dass auf den Parteiversammlungen so viel geklatscht wurde. Also baute er eine kleine Maschine: Drehte man eine Kurbel, bewegten sich zwei Metallhände und klatschten. An einer Hand war eine rote Fahne befestigt, die munter hin- und herwedelte. Als der junge Mann diese Maschine öffentlich vorstellte, stieß er vor allem bei den Parteioberen auf so viel Humorlosigkeit, dass ihm der Austritt aus der Partei nahegelegt wurde.

Religion und Komik

Nicht nur im politischen Leben ist das Unantastbare der Gegenstand des Humors. Deshalb nimmt dieser auch das Göttliche aufs Korn. Denn in der Religion werden - so Ludwig Feuerbach - unsere Perfektionsideale, unsere wichtigsten Normen und Werte festgeschrieben. Zwar sind sie unsere Schöpfung, aber sie dürfen - mit dem Stempel des Göttlichen versehen - nicht mehr infrage gestellt werden. Deshalb ist es so entscheidend, religiöse Tabus aufzuweichen und auch die Weltanschauungen mit all ihren alltäglichen Formen kritisch zu beleuchten und ihre Lächerlichkeit aufzuzeigen. In aufgeklärten Gesellschaften ist dies inzwischen (teilweise) erlaubt und man darf das Heilige durch die Brille der Komik sehen.

Ohne Gefahr für Leib und Leben dürfen wir die Kirche veralbern. So gründete 2005 der US-Physiker Henderson die Kirche des fliegenden Spaghettimonsters (FSM). Mit den Mitteln der Satire machte er sich über die Kirche lustig und persiflierte ihre Gebete mit dem Monsterunser:

„Monster unser, das DU bist im Himmel, geheiligt werden DEINE Anhängsel, DEINE Piraten kommen, DEINE Soße geschehe, wie im Himmel so auch auf hoher See. Unser täglich Pasta gib uns heute, und vergib uns unsere Reiskugeln, wie auch

wir vergeben den Kartoffelessern. Und führe uns nicht nach Kansas, sondern erlöse uns von den Fundamentalisten, denn dein ist die Soße und der Käse und die Fleischklößchen in Ewigkeit. RAmen.“

Allerdings wurde den Spaghettimonstern kürzlich die Anerkennung als Kirche versagt und sie dürfen daher auch nicht an den Ortseingängen auf ihre Veranstaltungen hinweisen.

Don Camillo und Peppone

Die Spaghettimonster sind eher ein Scherz, aber wir sollten tatsächlich religiöse Bewegungen immer nach ihrem Humorhaushalt einschätzen. Alle Religionen sind gefährlich, wenn sie ihre Ziele verbissen und humorlos verfolgen. Dass das nicht sein muss, zeigt die Beziehung zwischen dem Priester Don Camillo und dem Kommunisten Peppone, der schließlich Bürgermeister wird. Obwohl beide völlig zerstritten sind, respektieren sie sich und ihr Kampf ist von einer humorvollen Listigkeit getragen. So überreicht der kommunistische Bürgermeister dem Priester Don Camillo das Geld für die neuen Kirchenglocken mit den Worten: „Von diesen Türen haben gestern diese Glocken die Morgenröte der Befreiung gegrüßt. Von diesem selben Turm werden morgen dieselben Glocken den strahlenden Morgen der proletarischen Revolution grüßen.“ [50]

Die Figur des Don Camillo ist nach einem katholischen Priester benannt, der in die Konzentrationslager Dachau und Mauthausen verschleppt wurde. Doch als wichtigstes Vorbild galt der Dorfpfarrer eines kleinen norditalienischen Dorfes, der bei der Lösung der sozialen Fragen mit dem kommunistischen Bürgermeister konkurrierte. Beide waren Partisanen und mussten schließlich erkennen, dass sie in ihren Idealen einander näher standen als sie gemeint hatten. Und nun fordert Papst Franziskus, die jungen Priester sollten sich Don Camillo zum Vorbild nehmen. Dieser würde ihn durch seine Volksnähe beeindrucken, da er einen „volksnahen, demütigen, großzügigen, freudigen Humanismus“ gelebt habe.

Das ist erstaunlich, denn Don Camillo war ungewöhnlich tolerant. Für ihn war der kommunistische Bürgermeister zwar ein Gegner, aber kein Feind und man lachte mit- und übereinander. In ihrem Humor war auch ein Mitgefühl enthalten. Don Camillo war eben auch ein Sünder, der kommunistische Bürgermeister auch ein Mensch mit bemerkenswerten Zielen. Jeder zollte dem anderen durchaus Respekt. So sagte Peppone: „... Kerle sind wir beide. Schade, dass Sie nicht zu den unseren gehören." Und Don Camillo erwiderte: „Genau so denke ich auch. Schade, dass Du nicht zu uns gehörst." [51] Ihre weltanschaulichen Differenzen und Händel hinderten sie nicht daran, gemeinsam Wein zu trinken, zu essen und sich gegenseitig zu helfen. Man raufte sich und lachte miteinander. Und zum Schluss bemalte der Kommunist Peppone sogar die Figuren der Weihnachtskrippe.

Der tolerante Voltaire

Diese Toleranz brachte auch der große Religionskritiker Voltaire auf. Als ein Priester dem Sterbenden die letzte Salbung gab, kniete er nieder. Seinen Nachbarn erstaunte das und er fragte: „Monsieur de Voltaire, Sie entblößen vor dem Allerheiligsten den Kopf?" Voltaire zwinkerte daraufhin: „Wissen Sie - wir sind bös miteinander, aber wir grüßen uns." Der Humor von Voltaire bestand darin, dass er Gott vermenschlichte. Doch bei vielen Menschen hört bei der Religion der Spaß auf. Das gilt auch für Atheisten. Beispielsweise bat der Autor Wolfgang Herrndorf in seinem Blog darum, alle Priester seien, notfalls mit Waffengewalt, von seinem Sterbebett fernzuhalten.

Viele Ideologien haben eine Missionierungstendenz und wir sollten alle darauf achten, die Überzeugungen anderer Menschen zu respektieren. Deshalb ist es für mich auch kein Humor, wenn wir Menschen anderer Kulturkreise bewusst mit Zeichnungen oder Witzen kränken. Zwar gehört es zu der Errungenschaft unserer westlichen Religion, dass man - teilweise! - auch über das Göttliche Witze machen darf. Aber dies ist das Ergebnis eines jahrhundertelangen Kulturprozesses und wir sollten die Toleranz besitzen, anderen Menschen nicht unseren Humor aufzuzwingen.

Es ist ein Unterschied, über die Religion des eigenen Kulturkreises Witze zu machen oder die Religionen fremder Kulturen (und damit vor allem die Minderheiten im eigenen Land) zu attackieren.

Humor anstelle von Fanatismus

Wir müssen lernen, den Gegner zu akzeptieren, mit Widersprüchen umzugehen und Unsicherheiten zu ertragen. Doch das gelingt nur, wenn wir das Leben gelegentlich auch mit einem Augenzwinkern sehen und dazu müssen wir vor allem das humorlose Pathos überwinden, das heute wieder seine Auferstehung feiert. Pathos und pathologisch haben nicht zufällig den gleichen Wortursprung. Pathos bedeutet Leiden sowie leidenschaftlich, Pathologie ist die Krankheitskunde. Und beide Begriffe klingen emotional blechern, hohl und humorlos. Und dieses Pathos ist die emotionale Grundstimmung des Fanatismus.

Pathos ist deshalb bedrückend, weil es aus einem Zustand der Unterlegenheit, der Schwäche, des Leides und der kollektiven Ohnmacht entsteht. Daraus erwächst als Reaktion ein Mythos der Stärke, des Heldentums, bei dem die Tragik, die Kleinheitsgefühle, die Ängste verdrängt werden und dennoch deutlich durchscheinen. Es ist ein lautes Pfeifen im dunklen Keller, das so wenig überzeugend ist, weil es keine Lebensfreude kennt. Dieses Pathos ist immer eine emotionale Überwältigung und gibt vor, wie man zu fühlen und zu denken hat. Anstelle der Nüchternheit des Humors, der entlarvt und bodenständig ist, entsteht dann ein kollektiver Rausch. So dient Pathos vor allem dem Aufputschen der Massen - warnte daher schon Platon.

Dieses Pathos finden wir im Alltag überall dort, wo ungeduldig Grenzen übersprungen werden sollen, wo man mit der Gegenwart hadert und die Zukunft erzwingen will. Aber die Folgen sind verheerend, denn zu einem humorvollen Lachen ist man dann nicht bereit. Vielmehr fühlt man sich auf das leidenschaftliche Pathos als Schwungmasse angewiesen, um das weitgesteckte Ziel zu erreichen. So liebte selbst Friedrich Schiller das Pathos und schrieb, man müsse den Helden die volle Ladung des Leidens geben. Deshalb klingen auch seine Visionen der Verbesserung des Menschengeschlechts dermaßen verbissen und humorlos, dass schon seine Zeitgenossen darüber lachten. So schrieb Caroline Schlegel, sie sei vor Lachen einmal fast vom Stuhl gefallen, als sie ein Gedicht Schillers gelesen habe. Und ihr Mann dichtete daraufhin eine Parodie:

Ehret die Frauen! Sie stricken die Strümpfe,
Wollig und warm, zu durchwaten die Sümpfe…

Damit überforderte er jedoch den ohnehin geringen Humor von Schiller und dieser beendete die Freundschaft mit Schlegel.

Stefan Zweig und das neue Pathos

Selbst der große Schriftsteller Stefan Zweig rühmte in einem Aufsatz von 1908 das Pathos, denn wer die Menge zwingen wolle, müsse „den Rhythmus ihres neuen und unruhigen Lebens in sich haben, wer zu ihr spricht, muss beseelt sein von neuem Pathos. …. Es muss mitreißen, muss die zersprengten Kräfte des Dichters von einst wieder in sich versammeln, muss im Dichter den Demagogen… wiedererschaffen.“ [52] Wir wissen heute, wohin dies Denken führte. Allerdings sollten wir bedenken, dass damals viele deutsche Intellektuelle pathetisch den Eintritt in den Ersten Weltkrieg feierten.

Komik und Hitler

Freiheit und Humor sind Geschwister. Deshalb ist der Humor nicht nur eine liebenswerte Eigenschaft, eine Kuriosität, sie ist vielmehr die Grundlage der Demokratie. Insofern ist es gesellschaftlich so gefährlich, dass der von Erich Fromm beschriebene autoritäre Charakter immer humorlos ist. Er ist intolerant und unterwirft sich einer rigiden Führung und war in den dreißiger Jahren davor verantwortlich, dass ein Führer an die Macht kam, dessen öffentliche Auftritte aus heutiger Sicht ungeheuer lächerlich wirken und der kaum Sinn für Humor hatte.

Der große Diktator

Wie lächerlich Hitler in seinem Größenwahn war, zeigte Chaplin in seinem Spielfilm ‚Der große Diktator‘, der 1940 uraufgeführt wurde. Der abgehackte

Sprachstil Hitlers wurde mit dem Kunstwort ‚Schtonk' persifliert und Deutschland hieß Tomania, ein Wortspiel mit dem Mania (Wahn) und Ptomain (Leichengift). Die Nazis haben den Film in Deutschland verboten und trotzdem besteht das Gerücht, das Propagandaministerium habe zweimal eine Kopie des Films angefordert.

Der Film war seinerzeit wirtschaftlich sehr erfolgreich und zugleich war das politische Engagement Chaplins umstritten. Doch die New York Times urteilte: „Es ist keine billige Possenreißerei, keine drollige, mit sanftem Humor vorgetragene Sozialsatire in der Art von Chaplins früheren Filmen. 'Der große Diktator' ist ein von Grund auf tragisches Werk ... Mit verblüffender Echtheit enthüllt der Film aber auch die Charakterschwächen, die verblasene Selbstverliebtheit, wenn nicht den blanken Irrsinn eines Diktators: Adolf Hitler."

Humor in Diktaturen

Natürlich gab es viele Intellektuelle, die diesen plumpen, geifernden Menschen Adolf Hitler komisch fanden, über ihn lachten und ihn unterschätzten. Und angesichts der Machtverhältnisse blieb ihnen auch nur der Humor. Denn der Humor entlarvt die Machtbesessenheit und verkleinert den Größenwahn der Diktatoren. Deshalb war schon Jean Paul überzeugt, der Humorist würde das Große erniedrigen und das Kleine erhöhen. Insofern ist der Humor die Waffe der Ohnmächtigen, der Andersdenkenden, der Unangepassten. Dadurch wird der Diktator infrage gestellt und die Ohnmacht erträglicher. Jeder Witz auf seine Kosten schwächt den Tyrannen und hebt jene Angst auf, auf die sich seine Macht stützt. Daher müssen sich alle Diktatoren gegen den Angriff auf ihre Gottähnlichkeit wehren. Hitler hat deshalb die Todesstrafe verhängen lassen, wenn man über ihn Witze riss. Er wusste, dass dieser politische Humor das System angreift und den Widerstandsgeist der Menschen stärken könnte. Darum wurde im Juni 1943 eine technische Zeichnerin geköpft, die einem Kollegen den folgenden Witz erzählte:

„Hitler und Göring stehen auf dem Funkturm in Berlin. Da verkündet Hitler: ‚Morgen werde ich den Berlinern eine große Freude machen!' Daraufhin sagt Göring: ‚Dann spring' doch runter!'"

Humor als Konfliktlösung

Der Humor verkleinert die Mächtigen und kann gerade deshalb eine starke Waffe sein, weil er buchstäblich entwaffnet. Das ist vor allem in kriegerischen Auseinandersetzungen wichtig. Nach Untersuchungen des Human Security Centre ging die Zahl der bewaffneten Konflikte zwischen 1992 und 2005 um 40% zurück. Vorher endeten die meisten Konflikte mit dem Sieg einer Partei und nicht einer Verhandlungslösung, dieser Trend kehrte sich erst in den 90iger Jahren um. Ausschlaggebend dafür war das internationale Bemühen um Deeskalation. Inzwischen werden verstärkt Konfliktstrategien angestrebt, bei denen es vor allem um die Förderung sozialer Beziehungen geht. Hierbei spielt der Humor eine bedeutende Rolle, weil das miteinander Lachen eine der größten Entspannungs-Strategien ist.

Wer kennt einen guten Witz?

Solche Entspannungs-Strategien wurden von einzelnen Politikern schon seit langem angewendet. So hatte Willy Brandt die Angewohnheit, in den Kabinettssitzungen immer nach guten Witzen zu fragen. Schmidt sei dies auf die Nerven gegangen, aber er übernahm diese Gewohnheit, als er selbst Bundeskanzler wurde. Doch dies kann nicht darüber hinwegtäuschen, dass es gerade im parlamentarischen Leben oft an Humor fehlt - meinte der erfahrene Politiker Otto von Habsburg. Auch die frühere Präsidentin des Deutschen Bundestages, Rita Süssmuth vertrat die Überzeugung, besonders Politikern täte es gut, manchmal mehr über sich selbst zu lachen. Ehrlich bekannte sie, dass sie mitunter selbst dachte, sie habe ihren Humor verloren. Aber sie habe erkannt, dass die Fähigkeit, über sich selbst zu lachen, unabhängig von dem sei, was uns im beruflichen oder privaten Leben widerfährt. Es täte aber besonders Politikern gut, nicht alles so „tierisch“ ernst zu nehmen. Und Winfried Kretschmann, Ministerpräsident von Baden-Württemberg und seit 40 Jahren Mitglied in einem Fastnachtsverein betont: „In der Politik gibt es eigentlich nicht viel zu lachen.“

Diese Humorlosigkeit der Politiker hängt auch mit ihrem engen Gestaltungsspielraum zusammen, da sie in dem Geflecht von nationalen und internationalen Abhängigkeiten immer Kompromisse machen müssen. Es ist verhäng-

DEUTSCHER BUNDESTAG
PRESSEZENTRUM
- REFERAT KOMMUNIKATION (PZ 3) -

5300 BONN 1, 15. November 1993
BUNDESHAUS
TELEFON: (0228) 16-7976 / 3262
FAX-NR.: (0228) 16-86548

Herrn
Dr. Wolfgang Krüger
Krefelder Straße 20

10555 Berlin

Sehr geehrter Herr Krüger,

haben Sie vielen Dank für Ihr Schreiben vom 24. August 1993, zu dem ich Ihnen nachfolgend die Antwort der Präsidentin des Deutschen Bundestages, Frau Professor Dr. Rita Süssmuth, für Ihr Buch "Lebenshumor" übermitteln möchte.

Mit freundlichen Grüßen

v. Reden

(Dr. Armgard von Reden)

Antwort der Präsidentin des Deutschen Bundestages,
Frau Professor Dr. Rita Süssmuth, auf die Frage:
"Wie haben Sie es in Ihrem wechselhaften Leben geschafft,
Ihren Humor zu behalten?"

Humor ist die Fähigkeit, über sich selber zu lachen.
Es gab zwar schon Situationen, in denen ich dachte, ich hätte meinen Humor verloren. Aber ich habe erkannt, daß die Fähigkeit, über sich selbst zu lachen, letztlich doch unabhängig ist von dem, was uns im beruflichen oder privaten Leben widerfährt.

Humor erlebe ich als Fähigkeit zu entspannen, zu sich selbst und den Dingen Distanz zu bewahren und was das Schönste ist, in und mit der jeweiligen Situation spielerisch umzugehen. Ohne Humor macht das Leben weniger Spaß.

Humor kann verfahrene Situationen entschärfen, kann auf das Wesentliche hinführen, er verbindet, statt zu trennen. Gerade weil er die eigene Person zurücktreten läßt, bringt er oft wohltuend das eigentlich Wichtige wiederum ins Zentrum. Insofern täte es uns allen gut - das gilt besonders auch für die Politiker - manchmal mehr ein bißchen über uns selbst zu lachen und nicht alles "tierisch" ernst zu nehmen, getreu dem Philosophen und Dichter Ralph Waldo Emerson, der gesagt hat: "Die Welt gehört dem, der in ihr mit Heiterkeit nach hohen Zielen wandert."

nisvoll, dass Politikern oft die von Björn Engholm eingeforderte Bescheidenheit des Machbaren fehlt. Vielmehr suggerieren sie ständig, über eine große Gestaltungskompetenz zu verfügen, die aber in einer demokratischen Gesellschaft einem Einzelnen nie gegeben ist. Und der Wähler forderte natürlich diese Gestaltung ein, so dass Politiker ständig in dem Grundgefühl der Ohnmacht und des Versagens leben. [53]

Humorlos sind vor allem Politiker, die unbescheiden radikale Lösungen propagieren und in einem Schwarz-Weiß-Denken verharren. Auf sie trifft so gut wie immer die Aussage des französischen Außenministers Talleyrand zu, Dummköpfe und Fanatiker hätten keinen Humor. Das gilt beispielsweise für Stalin und vor allem für Lenin. So berichtete einmal ein amerikanischer Reporter über ihn: „Ein Führer nur dank der Überlegenheit seines Intellekts, farblos, humorlos, unnachgiebig." Deshalb fror dem englischen Philosophen Bertrand Russell das Blut in den Adern, als ihm Lenin lachend erzählte, wie er die armen gegen die reichen Bauern aufgehetzt habe, die sie am nächsten Baum aufgehängt hätten.

Internationale Beziehungen

Selbst in internationalen Beziehungen ist inzwischen die Bedeutung des Humors für die Gesprächs-Atmosphäre bekannt, von der häufig der Erfolg bilateraler Verhandlungen abhängt. Beispielweise soll es 1955 auch das gemeinsame Lachen von Chruschtschow, Molotow und Adenauer gewesen sein, das zu einer Entspannung führte. Hier bewahrheitete sich der Spruch von Werner Finck: „Wer andere zum Lachen bringen kann, muss ernst genommen werden, das wissen alle Machthaber." Zwar gab es harte Verhandlungen, in denen Adenauer massiv mit den von Deutschen verübten Kriegsverbrechen konfrontiert wurde. Aber letztlich siegte der Wille zur Verständigung und man einigte sich auf die Aufnahme diplomatischer Beziehungen und die Freilassung aller Kriegsgefangenen.

Auch von den deutsch-sowjetischen Verhandlungen im Jahre 1990 zur deutschen Einheit ist bekannt, dass Außenminister Genscher gern einen Witz erzählte. Der gemeinsame Humor bewirkte, dass man einander vertraute und sich respektierte. Kurz gesagt: Man lachte miteinander und nicht übereinander.

Lachen als aggressiver Akt

Doch in den letzten Jahrhunderten war Lachen fast immer mit Schadenfreude verbunden. Und noch heute ist das Auslachen ein aggressiver Akt, der die internationalen Beziehungen extrem verschlechtern kann. Insofern sind auch alle Witze und beleidigenden Sketche, die wir über fremde Religionen und Politiker machen, tendenziell problematisch. Natürlich muss man dies in einer Demokratie aushalten, aber solche Witze und Sketche haben oft etwas sehr provozierendes und verletzen die Würde und das Ehrgefühl. Das mag verwundern, denn hier handelt es sich doch nur um Zeichnungen und Worte.

Man könnte vermuten, dass das Auslachen wesentlich harmloser ist als ein Krieg mit Maschinengewehren und Handgranaten. Aber das Lachen kann sehr viel Schaden anrichten. Das verdeutlichen die Spottduelle der Eskimos. Einst verspotteten sie sich bei Differenzen vor den Augen der versammelten Stammesgemeinschaft und verlachten sich gegenseitig. Diese Kraftprobe war allerdings nicht lustig, sondern wurde sehr ernst genommen, der Verlierer wurde manchmal dermaßen gedemütigt, dass er in die Verbannung gehen musste. Und auch bei vielen anderen Völkern ist die Angst, verlacht zu werden, eine der gefürchtetsten Strafen.

Miteinander lachen

Lachen kann also sowohl verletzen als auch sozial verbinden. Doch die verbindende Funktion des Lachens entsteht nur, wenn wir den anderen verstehen. Dann ist das angestrebte Miteinander-Lachen das Resultat eines tiefen Respekts, glaubt die israelische Fotografin Osnat Bar-Or, die häufig mit palästinensischen Frauen zusammenarbeitet, die in Israel leben. Sie hat mir erzählt, es sei das Ergebnis von Nähe und tiefem Respekt, wenn sie zusammen mit den palästinensischen Frauen lachen könne. „Natürlich gibt es Spannungen, aber im Laufe von Monaten und Jahren respektieren wir uns und sind in der Lage, Freundschaften zu schließen. Das bedeutet für mich, dass ich die Wut der Palästinenser gegen uns Israelis verstehe, die ihr Land besetzt haben. Dazu gehörte auch, dass ich mich in der Zusammenarbeit bemüht habe, arabisch zu sprechen." Auf diese Weise können die täglich zu beobachtenden Konflikte in eine freundliche Komik eingebunden werden. So gibt es ein humorvolles Spiel, wenn Osnat mit einer guten palästinensischen Freundin in Nazareth essen geht. In dieser von Palästinensern geprägten Stadt besteht die dort lebende Freundin darauf, die Rechnung zu bezahlen. Und mit Gelächter besteht dann Osnat darauf, die Freundin einzuladen.

Kleine Gesten

Wie wichtig der Respekt für die Annäherung ist, zeigt sehr deutlich die israelisch-türkische Krise im Jahre 2010. Israel war über eine in der Türkei ausgestrahlte Fernsehserie verärgert, in der es anti-israelische Elemente gegeben haben soll. Bereits früher gab es Spannungen zwischen der Türkei und Israel. Doch nun reagierte man scharf. Man wollte den türkischen Botschafter zwar nicht ausweisen, jedoch wurde er vorgeladen und gedemütigt. Eingeladen waren auch Fotografen und Kameraleute, um die Szene zu dokumentieren: Eine sehr niedrige Sitzgelegenheit für den türkischen Gast und hohe Stühle für die Israelis - die üblichen Getränke und die türkische Fahne fehlten. Dadurch erniedrigte Israel den Botschafter, dem man noch nicht einmal die Hand reichte. Auch in Israel wurde dies als geschmacklos kritisiert. Schließlich spitzten sich die Konflikte dermaßen zu, dass man sich zu einem Versöhnungsabkommen entschloss. Dadurch haben sich die diplomatischen Beziehungen zwischen der Türkei und Israel wieder normalisiert.

Stille Nacht, heilige Nacht

Wie selbst verfeindete Kriegsgegner aufeinander zugehen können, zeigt das ungewöhnliche Weihnachtsfest auf dem Schlachtfeld in Flandern im Jahre 1914, als Deutsche, Franzosen und Briten miteinander feierten. Millionen waren bereits im Krieg umgekommen, als die Soldaten während der Weihnachtstage nicht mehr aufeinander schossen, sondern ‚Stille Nacht, heilige Nacht' sangen und miteinander lachten. Die Deutschen brachen vor allem dann in Gelächter aus, wenn ein Schotte zeigte, dass er keine Unterwäsche unter seinem Kilt trug. Hier bewahrheitete sich die Erkenntnis: Wenn zwei miteinander lachen, können sie nicht gegeneinander kämpfen. Leider bestand dieser Waffenstillstand nur wenige Tage, dann wurden die Kampfhandlungen wieder aufgenommen.

Wie jedoch der Sinn für Humor und Komik einen Konflikt dauerhaft entschärfen kann, zeigte eine Auseinandersetzung zwischen Kroatien und Slowenien. Seit dem Zerfall Jugoslawiens streiten sich beide Länder um die Grenzziehung in der Bucht von Piran. Slowenien geht es vor allem darum, den Zugang zum Meer zu behalten. Als die slowenische Regierung aus Kroatien eine Torte geschickt bekam, auf der Kroatien aus Zuckerguss dargestellt war, schickten sie diese kommentarlos zurück - nur die Bucht von Piran hatten sie aufgegessen. Nach dieser witzigen Torten-Antwort war der Konflikt nicht aufhoben, aber man einigte sich auf ein Schiedsgericht - noch vor wenigen Jahrzehnten hätten beide Parteien mit einer kriegerischen Auseinandersetzung gedroht.

Humor im diplomatischen Dienst

Es ist deutlich geworden, welche wichtige Rolle dem Humor in den internationalen Beziehungen beigemessen wird. Deshalb wird auch von den Schweizer Jungdiplomaten erwartet, dass sie vertrauenswürdig sind und Sinn für Humor besitzen - so nachzulesen in der Broschüre zur diplomatischen Laufbahn des Eidgenössischen Departements für auswärtige Angelegenheiten (EDA). Diese Einstellung ist zu begrüßen, schon K. M. Wilson war der Meinung, Humor könne „mehr als die Vereinten Nationen dazu beitragen, den Frieden in der Welt zu bewahren.“ [54]

Sich kleiner darstellen

Doch wie will man in der Ausbildung die Fähigkeit zum Humor vermitteln? Humor ist doch im Wesentlichen eine Persönlichkeitseigenschaft. Ein befreundeter Diplomat erklärte mir, Humor sei für ihn vor allem Selbstironie. Über diese Selbstironie verfügte die amerikanische Außenministerin Madeleine Albright in hohem Masse. Sie nutzte gelegentlich das ansonsten selten praktizierte Überraschungsmodell, sich über sich selbst lustig zu machen. Denn sie erlebte vor allem bei den Camp David Verhandlungen zwischen Israel und Palästina, wie sehr der fehlende Humor die Gespräche belastete. So meinte sie über den israelischen Ehud Barak, dieser habe sich sehr für Frieden eingesetzt, aber sein soziales Geschick wäre gering gewesen. Er habe nicht begriffen, „… dass Zuhörer empfänglicher sein würden, wenn er seine Erklärungen mit Humor und Takt vorbrachte.“ [55]

Madeleine Albright verfügte über einen großen Sinn für Komik. Als eine Bagdader Zeitung sie mit einer Schlange verglich, heftete sie sich - wenn man über den Irak sprach - eine Schlangen-Brosche an. Und sie trug eine Wanze als Brosche, als man feststellte, dass die Russen einen Raum im Ministerium verwanzt hatten. [56] Um in einer schwierigen Situation die Atmosphäre aufzulockern, konnte sie sogar über sich selbst lachen, indem sie auf ihre Figur - sie war eher klein und rund - hinwies. Sofern man über diese souveräne Fähigkeit verfügt, sich kleiner darzustellen, wird man selbst größer und es wächst die soziale Vertrautheit - das ist die Zauberkraft des Humors.

Allerdings kann diese Humorstrategie gerade in asiatischen Ländern problematisch sein, weil man dies als Gesichtsverlust empfindet. Vor allem Inder und Chinesen reagieren befremdet, wenn man von den eigenen Niederlagen berichtet. Offenbar kommt es beim Humor darauf an, dass man sich gegenseitig wirklich versteht. Im Grunde ist Humor ein Brückenschlag zwischen zwei Welten. Die Zauberkraft des Humors wächst immer aus dem tiefen Verständnis füreinander und einer großen Toleranz. Deshalb ist Humor die wichtigste Fähigkeit, um Konflikte zu überbrücken und Krisen zu überwinden. Insofern ist der Humor die bedeutendste Eigenschaft für die Zukunftsfähigkeit dieser Welt.

Der Humor-Essay von Adolf Muschg

Der Schweizer Schriftsteller Adolf Muschg schickte mir 1993 einen brillanten Essay über den Humor zu. Mit geschliffener Sprache und einem hohen intellektuellen Tempo beeindruckt er mit einem geistigen Feuerwerk, in dem er die Grundlagen für den tiefen Humor erkundet. Ich freue mich sehr, dass ich Ihnen diesen Essay vorstellen darf.

Adolf Muschg 10.10.93

Sehr geehrter Herr Krüger,
hier etwas Spätes, vielleicht immer noch Brauchbares auf Ihre Anfrage in Sachen "Humor".

HUMOR hat etymologisch mit Körpersaft, also Flüssigkeit zu tun. Er ist ~~also~~ der Verfestigung und Erstarrung entgegengesetzt, die wir mit dem Tod, aber auch mit der "unerschütterlichen Überzeugung" verbinden - und, notabene, mit bürgerlicher Solidität.

Humor sei, wenn man trotzdem lache, meint diese Weltpartei. Und gibt damit zu verstehen, daß sie sich gleichsam zum Lachen zwingen muß und es nicht ganz ohne zusammengebissene Zähne tut. - Dieser Humor in Ehren, wenn das Individuum dahinter Sympathie verdient; er ist wohl die respektgebietende Spielart profunder Humorlosigkeit, eine Art Schadenfreude **notfalls** auch auf eigene Kosten. Aber diesem Humor merkt man doch an, daß er nur ein bescheidenes, im Grunde klägliches Segment der Welt verwaltet und so etwas wie eine knapp aufgehellte Dunkelstelle darin vorstellt. Denn dieser Trotzdem-Humor beweist, wenn's ihm so leichter geht, nicht ganz ungern seine Grausamkeit gegen Andere, zu welcher ich ja auch eher das Recht habe, wenn ich Selbstveräppelung nachweisen kann. Leider gibt diese ganz deutlich zu verstehen, sie sei ein Ausnahme-Fall, den zu strapazieren man niemandem raten kann. Denn gleich dahinter lauern auch schon die Ostfriesen-, Türken- und am Ende: Judenwitze.

Eigentlich ist das Lachen, das zu diesem Humor gehört, nichts als der Knacklaut des Rigiden, und ein wenig klingt er immer auch wie "wehe -!" Er entsteht immer dann, wenn jemand heilfroh ist, daß das Biegen noch einmal ohne Brechen abgeht. Das Lachen ist bekanntlich aus dem Zähnefletschen entstanden: ich zeige mein Gebiß und bin zugleich erleichtert, daß ich es diesmal nicht einsetzen muß. Das ist die Geburt des Lachens aus dem Geiste der Aggression. Es ist eine Frage der Zeit, der Umstände, der Gelegenheit, ob diese Aggression das Ritual ihrer Bändigung durchbricht und der Angst- oder Wutschrei dem Gehege der Zähne wieder **nackt** entflieht. Diese Sorte Humor hat nicht nur der Belachte (im Fall des "Trotzdem" auch: der Lacher selbst) zu fürchten.

Dann gibt es den Humor im Lebens-Winkel, den man "liebenswürdig" nennt. Dieser Humorist ist an seiner Tauglichkeit für die böse, fremde und undurchsichtige Welt verzweifelt und behauptet wenigstens seine Nische darin. Gegen diesen Humor zeugt, nur scheinbar paradox, seine Harmlosigkeit. Denn sie garantiert auf ihre still-vergnügte Art das Fortbestehen der unerträglichen Verhältnisse, vor denen sie sich wegduckt wie der Hund vor dem Schlag. Nun ist er unter den Tisch geflohen und redet sich ein, da sei er vor Fußtritten am sichersten.

Nein: Humor, der die Welt erst teilen muß, um darin eine erträgliche Stelle - und wäre sie noch so winzig - für sich zu reservieren: dieser Humor hat klein beigegeben, und erschüttert die Welt mit keinem Lebenshauch. Dafür bedarf es eines Humors, der nicht trotzdem lachen kann, sondern darum. Er muß die Kraft haben, die Welt zu verflüssigen (darin den Tränen übrigens nicht unverwandt)und seinen Träger schwimmen zu lehren: zwischen Skylla und Charybdis der Widersprüche (die, festgehämmert, prompt mörderisch werden); durchschwimmen zwischen unvereinbaren Positionen, und noch mehr: ihn untergehen zu lassen, und zwar so gründlich, bis von einem Träger keine Rede mehr zu sein braucht, sondern die Objekte seiner Angst, Sorge und Not selber in Lachen ausbrechen und sich in diesem Lachen mit ihm vereinigen.

Dafür ist - einerseits - die anspruchsvollste Chemie erforderlich. Denn der Lachende muß zu denken wagen, daß die Schöpfung, ihrem Leid nicht zum Trotz, sondern einschließlich des Leids, eine enorm humoristiasche Veranstaltung ist. Und anderseits ist dafür ein elementares, ein instinktives Vertrauen nötig: daß wir mit Haut und Haar, Fleisch und Blut, mit allen verwirrenden Säften im Leib ein berechtigter Teil dieser Veranstaltung sind. Wahrlich keine Hauptperson - darüber kann man nur lachen -: aber eine strahlende Spur, ein heiterer Einfall, ein hüpfendes Atom. Wir dürfen das Äußerste, was wir denken können, also auch im Innersten fühlen. "Am Leitfaden des Leibes" (Nietzsche), dieser überaus labilen und anfälligen Komposition, erfahren wir, daß auch die Fixierung auf Tod und Ende nicht ganz ernst gemeint sein kann. Mitschwimmend, nehmen wir das Über-Flüssige daran wahr. Und den Zustand, in dem wir dabei geraten, haben Meister des WEGES in Ost und West als "Erleuchtung" beschrieben - sehr annähernd beschrieben als eine Verfassung absoluter und umfassender Heiterkeit, im Nu - und für immer. Denn auch die Zeit, oder was wir dafür halten, ist ein wunderbarer Witz, auf den wir gelassen hereinfallen dürfen. Wir bleiben getragen.

Mit freundlichen Grüßen

Die Humor-Biographie von Heinz Knobloch

Nach dem Fall der Mauer las ich das Buch ‚Meine liebste Mathilde', in dem Heinz Knobloch die enge Freundschaft zwischen Rosa Luxemburg und ihrer Sekretärin Mathilde Jacob schildert. 1990 lernte ich dann diesen interessanten Schriftsteller kennen und bei zahlreichen Gelegenheiten kam es zu einem sehr anregenden Austausch. Auch Heinz Knobloch bat ich daher, mir einige Gedanken über seinen Humor mitzuteilen. Ich war sehr berührt, als er mir eine vierseitige Humor-Biographie schickte.

HEINZ KNOBLOCH

Herrn Dr. Wolfgang Krüger
Krefelder Straße 20
10555 Berlin

29.8.1993

Sehr geehrter Herr Dr. Krüger,

Sie ahnen nicht, welche Freude Sie mir mit Ihrem Brief machen! Endlich einmal wird man gescheit befragt und kann über sein Leben nachdenken!

Ich kann keinen gerundeten Essay liefern, sondern nur ein paar ungeordnete Zeilen.

Den Humor behalten... Ja, aber erst muß man ihn haben. Ich führe das bei mir zurück auf mancherlei: Ich bin eine Mischung: In Dresden geboren, Mutter aus Hamburg, Vater aus Dresden. Zwei österreichische Großväter, Böhmen und Linz, Großmütter: Dresden und Rostock. Na, und die Urgroßleute entsprechend.

Geboren (3.3.26) in Dresden, unter **Hindenburg**, auch eingeschult 1932. Dann "wir grüßen jetzt mit dem deutschen Gruß" bei **Hitler**. Ende 1935 ins ungeliebte Berlin. - Bis dahin: mit 7 dabei, als der Großvater in einer Gaststätte durch Herzversagen starb; mit 8 wird der Vater arbeitslos; mit 9 Verlust der Freunde; in Berlin als sächsisch Redender erlebt, Minderheit zu sein (damals natürlich nicht so formuliert!). Kein Geld für Gymnasium, deshalb erst ein Jahr später dorthin. Als behütetes Einzelkind vom Alltag fern: Schwimmen als Allerletzter gelernt; Radfahren nicht, was zum Terror wurde beim Reichsarbeitsdienst und Militär: Immer verspottet. Unwilliges Marschieren beim Jungvolk, sogenannte Fahrten nur gezwungen mitgemacht, was mir die Wälder usw. um Berlin bis heute verleidet.

Aber daheim viel gelesen. Zeitungen und Illustrierte (Berliner, Koralle, Stern - damals nur Film -) waren stoßweise vorhanden. Mit 15 kaufte ich den "Simplizissimus", abonnierte mit 16 den "Marc Aurelio", der zweisprachig erschien, und schnitt Witzzeichnungen aus, klebte sie in alte Schulhefte. Leider sind heute nur noch zwei vorhanden.

Dann 1942 endlich die Schule verlassen mit Obersekundareife, was fein klingt, aber kein Abitur barg. Endlich Berufsleben, Lehre im seit der Kindheit ersehnten Zeitungsberuf, und wenn es nur eine Verlagskaufmännische Lehre war. Sie war durch den Krieg kunterbunt, aber wirklich lehrreich.

HEINZ KNOBLOCH

Der Vater mußte schon eine Woche vor Kriegsanfang im August 1939 zur Wehrmacht und kam, nicht schlimmer als mit dem Unteroffiziersrang beschädigt und einer Armverletzung nach dem Krieg nach Hause.

Mitten aus der wie ein Lebensabenteuer erlebten Lehre im Zeitungsverlag, in dem trotz seiner Arisierung die alten Ullsteinleute atmeten und etwas davon an mich weitergaben, was ich erst später merkte, die Einberufung zum Reichsarbeitsdienst. Demütigungen aller Art, die ich nach Hause schrieb. (Alle Briefe, von meiner Mutter aufgehoben, existieren): Knob-loch wurde bei den primitiven Führern zu Arsch-loch. Dasselbe auch bei der Wehrmacht.

Meine Dresdner Großmutter, die während des Krieges über ein Jahr bei uns in Berlin wohnte, im vierten Stock, lächelte, wenn meine Mutter und ich in den Luftschutzkeller rannten. Und nach der Entwarnung stand sie schon am Herd und buk Kartoffelpuffer. Auch diese Elsa K. hat mich geprägt!

In dieser Lehrzeit im Verlag, zeitweise in der Vertriebsbuchhaltung, kursierten Witze über die Naziführer und den Krieg. Man gab sie mir, ich tippte sie mit sechs Durchschlägen ab... Als ich 1989 in der Gedenkstätte Plötzensee die Urteile las, weswegen auch ein junger Mensch hingerichtet wurde, spürte ich das Risiko, das mir damals nicht bewußt war als naiver Mensch. Der muß man wohl bleiben, um innerlich zu überleben.

Die Einberufung 1943 - ich spüre jetzt diese fünfzig Jahre - und das entwürdigende Dasein als deutscher Soldat: Es gelang, Ende Juli 1944, in der Normandie freiwillig in amerikanische Kriegsgefangenschaft sich zu begeben. Ich war instinktiv gegen jeden Krieg.

Dann - um Ihre Geduld nicht zu strapazieren - das Erlebnis des englischen Humors, des etwas anderen US-amerikanischen.

Und das war es, was mich die deutsche Wehrmacht überleben ließ und die selbstgewählte Kriegsgefangenschaft, über die ich mich deshalb nie grämte.

Es ließ sich so vieles überwinden mit dem HEITEREN DARÜBERSTEHEN des Theodor Fontane, von dem ich erst sehr sehr spät etwas las, ihn auch deshalb zu DDR-Zeiten als väterlichen Beeinflusser adoptierte.

1953, als die WOCHENPOST sich als Kind des 17. Juni gründen konnte, kam ich als Unbedarfter zu meinem Glück in die Redaktion und durfte den Humor und die Rätsel betreuen...

Wie gesagt, die Unterdrückung - durch wen auch immer - , das Lesen der Weltliteratur (ich versuchte nachzuholen, las die Antike, die deutschen Schwänke, Casanova, Wieland, Goethe, Tucholsky usw.), und die wohl ererbte und erworbene Ohnmacht des kleinen Mannes vor der Allmacht der ihn Regierenden haben es mir ermöglicht, mit Humor zu überleben. Wenn man alt genug wird, um Hindenburg, Hitler, Ulbricht - ja, die DDR war mir mit all ihren Schwächen, Nachteilen und Peinlichkeiten immer und bis zuletzt der bessere deutsche Staat, denn er hatte sich konsequent getrennt von jenen, die sich nie ganz von Hitler getrennt hatten oder die Gnade der späten Geburt vorschoben. Nach **Ulbricht** und **Honecker** bin ich nun Untertan von **Kohl.**

Ich habe mich schon längst im Sinne Victor Auburtins zum Ironiker entwickelt, helf er sich, wie sonst wäre das Leben zu ertragen mit den neuen, durch die Vereinigung bescherten Ängsten.

Mein Humor ist durch vielerlei Einflüsse entstanden: Das Gymnasium hieß 1937 "Friedrichs-Realgymnasium", wurde bald "Friedrichs-Oberschule", dann "Litzmann-Oberschule", weil jener hitlerfreundliche General dort das Abitur erwarb. Drei Namen innerhalb von vier Jahren!

Da war dieser erbarmenswerte Feldwebel Jansen, der uns armselige Achtzehnjährige in der Bretagne schikanierte: "Wenn ich lache", rief er und bleckte die Zähne, "dann lacht der Teufel!" Der wird ihn hoffentlich geholt haben. Und der US-Captain im Kriegsgefangenenlager in Pennsylvania, der uns den Hitlergruß üben ließ am 1.1.45., ähnelte ihm wie ein Bruder.

DAS LÄCHELN DER ZEITUNG heißt eines meiner Bücher. Diesen Buchtitel verdanke ich einer Leserin aus Bautzen, die das über meine wöchentliche Rubrik schrieb in der "Wochenpost", damals, Anfang der Siebziger Jahre.

Eine, die mich liebte, sagte: "Du brauchst deine Vorgesetzten nur anzusehen..." Und das war es wohl auch, das mich vor dem Aufstieg bewahrte in Regionen, wo Humor tödlich sein kann und wird.

Nicht zu vergessen das Erlebnis des jüdischen Humors um 1976. Er war eine Offenbarung. Ging vielleicht ins eine oder andere meiner Bücher ein. In viele Texte, denn er entsprach mir und meinem Vorhaben. Dieser jahrtausendealte Humor, mit dem die Unterdrückten in aller Welt überlebten: Er ist mein Humor, meine Waffe, um auch zu überleben, als Nichtjude. (Aber alle Dichter sind Juden. Ein wunderbarer Satz).

Ich brauche viel Humor zum Überleben heute, mag auch die Ironie, mag auch der Zynismus auftauchen, kein Wunder. Aber es gilt nach wie vor: Weglachen! Und Otto Reutter: "In fünfzig Jahren ist alles vorbei!" (Wenn man das als Dreißigjähriger hört, wird einem schon etwas anders).

Ich bitte um Nachsicht für diesen Lebenserguß, aber es war nun mal so, und Leute, die einen Krieg überlebten, reagieren ein wenig anders, als jene, die 1949 über Dinge lachten, über die unsereiner nicht mehr lachen konnte. Dafür aber mache ich mich lustig über mancherlei, denn mit 67 Jahren kann man mich nicht mehr zur Bundeswehr einberufen.

Humor in meinem Leben ist ererbt, angelesen, erworben und behauptet.

Wenn Sie freundlicherweise lesen würden MEIN LETZTES STÜNDLEIN in dem Buch "Die schönen Umwege", (Verlag Transit, Berlin 1993), bekämen Sie weitere Antworten zu Ihrem Thema.

Nicht zuletzt: Josef Schwejk ist mein Lebensvorbild. Ich las das Buch erst nach dem Kriege, hatte aber wie er überlebt, betrieb seine Kunst mit Absicht, was mich wiederum vor mancherlei schützte. Ein Buch heißt "Der Blumenschwejk", da steht manches.

Das ist mehr als genug; Sie wollen Ihr Buch schließlich nicht mit mir füllen.

Nochmals Dank und freundliche Grüße,

Ob Sie mir freundlicherweise eine Ablichtung schicken würden aus Ihrem Buch über die "Freundschaften", wo es um Mathilde Jacob geht, wie Sie schreiben. Ich habe gerade einige Zusätze für die 5. Auflage abgeliefert.

Zur Person der Prominenten

Dagmar Berghoff, *1943, ist eine deutsche Hörfunk- und Fernsehmoderatorin. Als erste Frau moderierte sie die Tagesschau.

Alfred Biolek, *1934 in Freistadt, Tschechoslowakei ist Talkmaster, Jurist, Kochbuchautor und Fernsehproduzent. Er wurde mit Sendungen wie Bio's Bahnhof, Boulevard Bio und alfredissimo! bekannt.

Christine Brückner, *1921 - † 1996 war eine bekannte deutsche Schriftstellerin. Zahlreiche ihrer Bücher erreichten Millionenauflagen.

Ralph Giordano, *1923 - † 2014, deutscher Schriftsteller und Journalist, der sich in seinen Werken vor allem mit dem Holocaust und dessen Folgen auseinandersetzte.

Gregor Gysi, Dr., *1948 ist Rechtsanwalt und Politiker, zwischen 1990 und 2000 sowie seit 2005 Mitglied des Deutschen Bundestages. Von 2005 bis 2015 war er Fraktionsvorsitzender der Linksfraktion im Deutschen Bundestag.

Dieter Hildebrandt, *1927 - † 2013, war ein deutscher Kabarettist, Schauspieler und Buchautor. Er wurde vor allem als Mitbegründer der Münchner Lach- und Schießgesellschaft und der Fernsehsendung Scheibenwischer bekannt.

Freya Klier, *1950, ist eine deutsche Autorin und Regisseurin sowie eine ehemalige DDR-Bürgerrechtlerin.

Heinz Knobloch, *1926 - † 2003, war ein deutscher Schriftsteller und Feuilletonist, der durch seine zahlreichen Bücher meist bisher weniger bekannte, mutige, systemkritische Persönlichkeiten beschrieb.

Helmut Kohl, *1930 - † 2017, war ein deutscher Politiker der CDU. Er war von 1969 bis 1976 Ministerpräsident der Rheinland-Pfalz. Von 1982 bis 1998 war er der sechste Bundeskanzler der Bundesrepublik Deutschland.

Hanna-Renate Laurien, Dr., *1928 -† 2010, war eine deutsche Politikerin der CDU. Die Oberstudiendirektorin war von 1976 bis 1981 Kultusministerin in Rheinland-Pfalz, von 1981 bis 1989 Schulsenatorin von Berlin und von 1991 bis 1995 Präsidentin des Abgeordnetenhauses von Berlin.

Astrid Lindgren, *1907 - † 2002, schwedische Schriftstellerin. Als geistige Mutter von Pippi Langstrumpf gehört sie mit einer Gesamtauflage von über 160 Millionen Büchern zu den bekanntesten Kinder- und Jugendbuchautoren der Welt.

Willy Millowitsch, *1909 - † 1999, war ein deutscher Theaterschauspieler und einer der bekanntesten Kölner Volksschauspieler. Er war der Leiter des Kölner Millowitsch-Theaters.

Adolf Muschg, *1934 in Zollikon, ist Schweizer Dichter, Schriftsteller und Literaturwissenschaftler.

Elisabeth Noelle-Neumann, *1916 - † 2010, war Professorin für Kommunikationswissenschaft an der Universität Mainz und Gründerin des Instituts für Demoskopie (IfD) in Allensbach.

H**orst-Eberhard Richter, Prof**., * 1923 - † 2011, war ein deutscher Psychoanalytiker, Psychosomatiker und Sozialphilosoph. Vielen galt er als der „große alte Mann" der bundesdeutschen Friedensbewegung.

Anneliese Rothenberger, * 1924 - † 2010, war eine sehr bekannte deutsche Opern- und Operettensängerin.

Max Schmeling, *1905 - † 2005, der Boxweltmeister gilt bis heute zu den populärsten Sportlern Deutschlands.

Gerhard Schröder, *1944, deutscher Politiker der SPD, 1990 bis 1998 Ministerpräsident von Niedersachsen sowie 1998 bis 2005 der siebte Bundeskanzler.

Wolfram Siebeck, *1928 - † 2016, deutscher Gastronomiekritiker, Journalist und Buchautor.

Klaus Staeck, Prof., *1938, gesellschaftskritischer Künstler, von 2006 bis 2015 war er Präsident der Akademie der Künste in Berlin.

Karlheinz Stockhausen, *1928 - † 2007, er gilt als einer der bedeutendsten deutschen Komponisten des 20. Jahrhunderts.

Rita Süssmuth, Prof., * 1937, deutsche Politikerin (CDU), von 1985 - 1988 Bundesministerin für Jugend, Familie und Gesundheit und von 1988 bis 1998 Präsidentin des Deutschen Bundestages.

George Tabori, *1914 in Budapest - † 2007 in Berlin, war Drehbuchautor, Schauspieler, Schriftsteller, Übersetzer und Theaterregisseur.

Jens Weißflog, *1964, deutscher Skispringer, weltweit einer der erfolgreichsten Ski-Sprung-Sportler.

Gedankensplitter

Mit genügendem Abstand sehen wir: Das Leben ist eine große Komödie.

Der Humor beginnt mit der Geburt der Persönlichkeit.

Humor haben wir vor allem, wenn wir uns geliebt fühlen.

Wenn wir das Leben bewältigen, bekommen wir den Humor geschenkt.

Der Humor ist die wichtigste Eigenschaft zum Gelingen der Liebe.

Wir verlieben uns, wenn wir gemeinsam lachen.

Der Humor ist der Schlüssel zum Lebensglück.

Humorlose Menschen sollte man meiden.

Beratung und Psychotherapie

Bitte informieren Sie sich über die jeweilige Landes-Psychotherapeutenkammer oder Ihre Krankenkasse.

Adressen

Clownsarbeit: Eckart v. Hirschhausen Stiftung "HumorHilftHeilen".

HumanCare: Der Verein fördert die wissenschaftlich fundierte Anwendung von Humor in klinischen, psychosozialen, pädagogischen und beratenden Berufen.

Ausbildung zum Humorberater

Informationen: www.michael-titze.de

Ausbildung zum Humorberater in der HCDA-Akademie
http://www.humorberater.de

Kontakt: krueger-berlin@web.de
www.dr-wolfgang-krueger.de

Literaturverzeichnis

[1] Umfrage 1993 sowie bei Survio im Oktober 2017 mit 143 Teilnehmern und 50 mehrstündigen Tiefeninterviews
[2] Hans Balzer, Die lachende Muse. Lizenzausgabe DDR, Nummeriertes Exemplar, o.D., S. 31 f.
[3] Neues Testament, Jakobus 4-10
[4] Siehe hierzu: Wolfgang Basler, Humor kann man nicht lernen…
[5] Mark Twain, Autobiographie, Diogenes 1985, S. 98 f.
[6] Das Anekdotenbuch, Hrsg. von Dieter Lattmann, Frankf. /Main 1979, S. 433
[7] Nicolaus Sombart, Jugend in Berlin, München 1984, S. 137
[8] B. Traven, Der Schatz der Sierra Madre, Mexico 198o, S. 179
[9] Zitiert nach: H. J. Schultz, Letzte Tage, München 1990, S. 35
[10] Sigmund Freud, zit. nach: H. J. Schultz, Letzte Tage, München 1990, S. 50 f.
[11] Theodor Reik, Das Kind im Manne, In: Imago, Leipzig, Nr. 23, S. 23
[12] Berliner Geschichten, Hg. von Ingrid Grimm, München 1986, daraus: Erich Kästner: Mama bringt die Wäsche, S. 265 f.
[13] In dem von Sigmund Freud unterzeichneten Originaldokument ist dieser Zusatz allerdings nicht zu finden.
[14] Wolf Biermann, Warte nicht auf bessre Zeiten, Berlin 2016, S. 24
[15] Gert Fröbe, Auf ein Neues, sagte er …. Geschichten aus meinem Leben, München 1988, S. 16 f.
[16] Alexander Spoerl, Memoiren eines mittelmäßigen Schülers, München 1950, S. 112 f.
[17] Joachim Ringelnatz, Mein Leben bis zum Kriege, Berlin 1966, S. 24
[18] Carl Zuckmayer, Als wärs ein Stück von mir, Frankf. / M. 1988, S. 145
[19] Bettina v. Suttner, Lebenserinnerungen, Berlin 1970, S. 70 f.
[20] Alice Herdan-Zuckmayer, Die Farm in den grünen Bergen, Frankf. / M. 1956, S. 153
[21] Ebenda S. 154
[22] Liv Ullmann, Wandlungen, München o.D., S. 64
[23] Viktor E. Frankl: ... trotzdem Ja zum Leben sagen, München 1982, S.107 f.
[24] Ebenda, S.124 f.
[25] Zitiert nach: Joseph Tewes (Hg.): Nichts Besseres zu tun, Oelde, 1989, S. 43
[26] Das Anekdotenbuch, Hrsg. von Dieter Lattmann, Frankf. /M 1979, S. 364

[27] Erich Kästner, die vier archimedischen Punkte, in: Die Konferenz der Tiere. Vermehrt um einige Beiträge aus der Zeit der Kleinen Freiheit, o.O., 1970
[28] Arkadij N. Schewtschenko, Mein Bruch mit Moskau, Bergisch-Gladbach, 1985, S. 362
[29] Ganz Deutschland lacht, München/Wien/Basel, 1973, S. 63
[30] Agatha Christie, Meine gute alte Zeit, Moewig 1977, S. 35
[31] Bertha v. Suttner, Lebenserinnerungen, Berlin 1970, S. 113 f.
[32] Katja Mann, Meine ungeschriebenen Memoiren, Frankf. / M. 2000, S. 64
[33] Walter Brecht, Unser Leben in Augsburg, damals, Berlin 1984, S. 19. f.
[34] Zitiert nach: Constanze Kleis, Spaßfaktor Gürtellinie, in: Berliner Morgenpost vom 27.11.94, S. 65
[35] Nancy Friday, Die sexuellen Phantasien der Frauen, Bern/München, S. 276
[36] Joseph Wechsberg, Lebenskunst und andere Künste, München 1980, S. 40 f.
[37] Viktor Frankl, Theorie und Therapie der Neurosen, Stuttgart 1987, S. 164
[38] Carl R. Rogers, Therapeut und Klient, München 1977, S.78
[39] Anna Frank, Das Tagebuch der Anne Frank, Frankf. / M. 1979, S. 36
[40] Ebenda, S. 169
[41] Viktor E. Frankl, ... trotzdem Ja zum Leben sagen, München 1982, S. 74 ff.
[42] Ebenda, S. 74 ff.
[43] Lisa Fittko, Mein Weg über die Pyrenäen, Erinnerungen 194o/41, München 1985, S. 19
[44] Ebenda, S. 23f.
[45] Nicht Schluss mit lustig, Interview mit Sabine Eisenhauer, In: Debatte, siehe: http://debatte.ekir.de/2015/12/15/nicht-schluss-mit-lustig/
[46] George Mikes, Lächelnd lebt sich's leichter, Düsseldorf 1981, S. 167 f.
[47] http://www.trauerbegleiter.org/
[48] Sören Kierkegaard, Entweder-Oder, Ein Lebensfragment, Leipzig 1885, S. 30 f.
[49] Vera Slupic, in: Alice Schwarzer, So fing es an! Die neue Frauenbewegung, München 1983, S. 229 f.
[50] Giovannino Guareschi, Don Camillo und Peppone, Salzburg 1951, S. 58
[51] Ebenda, S. 68
[52] Stefan Zweig, Das neue Pathos, in: Das literarische Echo, Jg. 11, 1908, Heft 24, 1909

[53] Björn Engholm, Vom öffentlichen Gebrauch der Vernunft, München 1993
[54] Juan Andres Bernhardt, Humor in der Psychotherapie, Weinheim und Basel 1985, S. 123
[55] Madeleine Albright, Madame Secretary, München 2005, S. 587
[56] Ebenda, S. 636

George Tabori

Generalvertretung
aller Werknutzungsrechte:

Gustav Kiepenheuer Bühnenvertriebs-GmbH
Schweinfurthstraße 60
D-14195 Berlin
Telefon 0049 (0)30 897184 -11
Telefax 0049 (0)30 8233911
mueller@kiepenheuer-medien.de
www.kiepenheuer-medien.de

Buchausgaben:
THEATER
zwei Bände
ROMANE
vier Bände
Steidl Verlag, Göttingen

Tabori-Archiv:
Akademie der Künste, Berlin

Wolfgang Krüger im BOD-Verlag

Freundschaft: beginnen, verbessern, gestalten Ein sehr lebensnaher Ratgeber über die Kunst der Freundschaft. Taschenbuch 9,90 Euro, eBook ca. 6,50 Euro

Effi Briest auf der Couch Ein literarischer Liebesratgeber auf der Grundlage von zwölf klassischen Liebesromanen. TB 14,90 Euro, eBook 10,99 Euro

Die Geheimnisse der Großeltern - unsere Wurzeln kennen, um fliegen zu lernen Jeder von uns ist geprägt durch seine Beziehung zu den Großeltern. Ihr Schicksal müssen wir kennen, um die Familiengeheimnisse und Familienaufträge zu entschlüsseln. TB 9,90 Euro – eBook 8,90 Euro

Tomaten, Nachbarn, Gartenzwerge - Wie ich Laubenpieper wurde
Ein Buch über neugierige und hilfsbereite Nachbarn, über die Komik und den alltäglichen Wahnsinn in einer Laubenkolonie. Und eine Liebeserklärung an das Leben in der Natur: an das Prasseln des Regens, das Geschrei der Krähen und das Glück des Gärtners. Taschenbuch 8,40 Euro, eBook 5,50 Euro

So gelingt die Liebe – auch wenn der Partner nicht perfekt ist
Die Liebe kann gelingen, auch wenn der Partner nicht perfekt ist. Aber wir müssen aufhören, den Partner grundlegend zu ändern. Doch fast immer gelingt das Prinzip der indirekten Veränderung, wenn wir sehr lebendig eine Partnerschaft mit uns selbst eingehen. TB 9,90 Euro, eBook 7,99 Euro

Über-Leben in der Patchworkfamilie – mit Katharina Münzer. Der dänische Erziehungsexperte Jesper Juul schreibt im Vorwort: „Mir gefällt alles in diesem Buch ... Die Schilderung von Wolfgang Krüger und Katharina Münzer kann ein Vorbild für viele Stiefeltern sein." TB 9.90 Euro, eBook 7,49 Euro

In jeder Buchhandlung, bei BOD-Buchshop und Amazon

Wolfgang Krüger im Kreuz-Verlag

Liebe, Macht und Leidenschaft, Die Erfolgsregeln für fairen Konfliktausgleich

Destruktive Machtprozesse sind die wichtigste Ursache für das Scheitern von Partnerschaften. Dabei gibt es in jeder Liebesbeziehung vom ersten Augenblick an Machtprozesse, es fixiert sich ein Machtcode, der die gesamte Beziehung prägt. Dies gilt vor allem für die stillen Machtprozesse, die nur schwer zu erkennen und zu ändern sind. Durch diese Machtprozesse, werden Konflikte dramatisch verschärft. Jeder reagiert auf die ihm zugefügten Kränkungen, will die eigene Ohnmacht überwinden und so dreht sich eine unheilvolle Machtspirale. Nur wenn wir bewusst mit diesen Machtprozessen umgehen und faire Konfliktmuster finden, können wir eine lebendige Liebesbeziehung führen und den Traum einer langen, stabilen Partnerschaft realisieren.

Taschenbuch: 9,99 Euro , eBook ca. 7,99 Euro

Weitere Bücher

- **Aus Eifersucht kann Liebe werden**. Der selbstbewusste Umgang mit einem ungeliebten Gefühl.

- **Freiraum für die Liebe: Nähe und Abstand in der Partnerschaft**. Der Kernkonflikt jeder Partnerschaft.

Neue Bücher auf meiner Homepage: www.dr-wolfgang-krueger.de

Lightning Source UK Ltd.
Milton Keynes UK
UKHW010902181219
355605UK00009B/1021/P

9 783746 036083